班級

陳木金◎著

經營

林　序

　　每個人日常工作和生活中所經歷的經驗，有的令人喜悅，但沒有效率和成就感；有的有效率，卻充滿痛苦。如果一個經驗能使人精力充沛，能力充分發揮，心中充滿喜悅、對工作具有勝任感和成就感，則這個經驗必是人生最佳的經驗。心理學家席曾米哈利（Csikszentmihalyi）認為只要經過特殊設計，這種最佳的經驗在任何人的工作和生活中，均可隨時出現。

　　學者以實習教師為研究對象，發現影響教學最佳經驗的重要因素，是實習教師的班級經營。在班級經營的歷程中，教師要是能主動的界定及獲取工作的內在酬償，能使工作的挑戰和個人的技能適度的搭配，能使工作目標和回饋明確，則較能在教學中獲得最佳經驗。目前國內中、小學班級人數過多，且學生個別差異頗大，班級經營常成為教師的夢魘，尤其是對實習教師而言。

　　陳木金博士在小學有十幾年的教學經驗，在政大教育研究所研讀期間，其博士論文亦以班級經營為主題，目前又係國立臺灣藝術學院教育學程中心主任及實習指導教師，其對班級經營不但有深厚的學術鑽研，亦有豐沛的實務經驗。他在本書對成功的班級經營所需的教室領導技巧、班級經營策略和教師的教學效能，分別介紹其

基本概念和理論基礎，並告訴讀者如何評鑑和自我檢核。筆者相信教師只要詳細閱讀本書，並應用在自己的班級教學上，將可早日脫離夢魘，並在教學中獲得最佳經驗。

林邦傑謹識
於國立政治大學果夫樓

劉　序

　　臺灣自師資培育法公布實施後，中小學師資養成教育不再只是師範校院的職責。一般大學院校均可設置教育學程中心開設教育學分培養合格教師，於是師資培育的政策開始走向多元化、公開化與專業化。

　　我擔任政大教育研究所所長時，陳木金先生考取了博士班，發覺他學識淵博、教學與行政經驗豐富，獲博士學位後，即被國立臺灣藝術學院禮聘並擔任教育學程中心主任。教學、行政兩忙，還沉潛學術研究，且近日完成著作《班級經營》一書，請我寫序。

　　「班級經營」在師資培訓課程中，列為必修，可見其重要性。以前沒有這門課，大概是受了美國「Classroom Management」課程影響。從字面上來看，應該是「班級管理」，不曉得那位先生把它譯成「班級經營」，雖說未達到信、達、雅的境界，也還能接受，只是有些商業氣息罷了。

　　社會現代化後，民主的聲浪風起雲湧，教學工作中的班級管理也必須現代化、民主化。因此，有些學者開始研究並翻譯外文書籍，把班級管理有關的理念、原則和方法一一介紹給國人。

　　陳木金博士的這本《班級經營》與眾不同，他是從「教室領

導」的基本概念、理論基礎、評鑑與技巧、自我檢核切入，然後談到策略和教師效能等，一氣呵成。更有甚者，書中內容大都有實證研究的支持，不僅是平鋪直敍而已。像這樣的教科書，坊間不多見，可說是一大貢獻。個人認為這本著作稱得上：「不只是另外一本教科書！」（Not just another book），特為之序。

劉興漢謹識
於國立政治大學研究大樓

自　序

　　班級是一個具有特色、複雜的小社會，班級經營為實施教學所設置的系統教育型態，舉凡學生學業的成就、社會人際關係的技巧、健全人格的發展等，都受到教師班級經營成效的影響。因此，為了增進教師的班級經營效能，進而達成教學目標，具備良好的班級經營知識及研究能力，不論是對於預備成為教師的人，或對目前實際從事教育工作的教師而言，都顯得非常的重要。

　　教師是班級經營的靈魂人物，但班級事務繁雜眾多，學生差異莫衷一是，在緊湊的教學活動、繁忙的班級事務中，如何傳情達意凝聚眾志，成為亦師亦友的班級領導人物，使班級快速步上正常運轉的軌道，是班級經營知能的一大展現。有鑒於此，希望以十多年來在小學及大學的班級經營經驗，以及悉心地觀察與研究不同型態班級教學的心得，分析一位優秀的教師必須具備的班級經營知能，協助教師們能愉快勝任其班級經營工作。

　　本書主要的焦點是我們能經由哪些歷程來協助教師提昇班級經營的知能？也就是說我們能經由什麼歷程來幫助教師們的班級經營知能成長。因此，本書想要透過學習、研究、評鑑、檢核與熟練等方法，來增進教師們的班級經營知能，其中包括各項班級經營知能

的基本概念、理論基礎、評鑑與自我檢核。本書在第一章簡介班級
經營知能之後，分為三大部分，分析如何培養教師們良好班級經營
知能的三個主要向度，其中包括：「教室領導技巧」、「班級經營
策略」、「教師教學效能」。因此，本書適合初學者作為規劃班級
經營學習的參考，本書也適合已在研修班級經營的學生作為教科
書，同時本書更適合教育工作人員作為教學研究進修的參考書籍。

本書的完成，串連著師、長、親、友們的提攜、關愛與教導，
匯集了師、長、親、友們的鼓勵、支持與協助！特別感謝博士班研
究期間的兩位指導教授——林邦傑教授、劉興漢教授，如父如兄般
悉心指導，啟迪茅塞、睿智引導與殷切教誨，特為本書序文導覽，
並指導本書的周密邏輯思辨、用字遣詞斟酌，更是日後為學處世的
表率！

本書的付梓，由衷地感謝揚智文化慨允出版，賴筱彌小姐、閻
富萍小姐的協助，至為感任。鄭美珠小姐細心編校，備極辛勞，深
表謝意。更要感謝內人邱馨儀老師辛苦持家照顧玟曦、玟迪，使我
能夠專心於教學與研究，全力專注於本書的撰寫工作。雖然，本書
是以認真及嚴肅的態度來撰寫，但由於個人才學有限，經驗欠豐，
各章所述，恐有不夠詳盡之處，懇請國內外先進賢達賜予指正，俾
供再版時修訂之。

陳木金謹識

於台灣藝術學院教育學程中心

目　錄

林　序　i

劉　序　iii

自　序　v

第一章　緒　論　　　　　　　　　　　　　　　　　　　*1*

第一節　班級經營知能的重要性　*2*

第二節　班級經營知能的內容　*3*

第三節　教室領導技巧、班級經營策略與教師教學效能的
　　　　關係　*9*

第四節　本書的組織　*12*

第二章　教室領導技巧的基本概念　　　　　　　　　　*15*

第一節　教室領導技巧的意義　*16*

第二節　教室領導技巧的功能　*21*

第三節　教室領導技巧探討的內容　*22*

第四節　教室領導技巧的研究取向　*25*

第三章　教室領導技巧的理論基礎　　　　*31*

第一節　創始期——領導特質與領導技能的研究　*32*

第二節　建立期——領導行為的研究　*34*

第三節　轉變期——情境、權變取向領導研究時期　*39*

第四節　充實期——魅力型、轉換型、組織文化取向的領導研究　*59*

第四章　教室領導技巧的評鑑與自我檢核　　　*67*

第一節　教室領導技巧的向度內容與變項分析　*68*

第二節　教室領導技巧量表內容的建構　*74*

第三節　教室領導技巧量表內容的分析　*84*

第四節　編製精簡的教室領導技巧自我檢核表　*102*

第五章　班級經營策略的基本概念　　　　*107*

第一節　班級經營策略的意義　*108*

第二節　班級經營策略的功能　*114*

第三節　班級經營策略探討的內容　*116*

第四節　班級經營策略的研究取向　*123*

第六章　班級經營策略研究的理論基礎　　*129*

　　第一節　創始期　*131*

　　第二節　建立期　*132*

　　第三節　轉變期　*141*

　　第四節　充實期　*153*

第七章　班級經營策略的評鑑與自我檢核　　*157*

　　第一節　班級經營策略的向度內容與變項分析　*158*

　　第二節　班級經營策略量表內容的建構　*162*

　　第三節　班級經營策略量表內容的分析　*171*

　　第四節　編製精簡的班級經營策略自我檢核表　*190*

第八章　教師教學效能的基本概念　　*195*

　　第一節　教師教學效能的定義　*196*

　　第二節　教師教學效能之功能　*205*

　　第三節　教師教學效能探討的內容　*207*

　　第四節　教師教學效能的研究取向　*211*

第九章　教師教學效能研究的理論基礎　　*217*

　　第一節　創始期　*219*

第二節　建立期　*222*

第三節　轉變期　*228*

第四節　充實期　*235*

第十章　教師教學效能的評鑑與自我檢核　*241*

第一節　教師教學效能的向度與變項分析　*242*

第二節　教師教學效能量表內容的建構　*248*

第三節　教師教學效能量表內容的分析　*258*

第四節　編製精簡的教師教學效能評鑑與自我檢核表　*278*

參考文獻　*281*

緒　論

第一節　班級經營知能的重要性

　　班級是一個具有特色、複雜的小社會，班級經營爲實施教學所設置的系統教育型態，舉凡學生學業的成就、社會人際關係的技巧、健全人格的發展等，都受到教師班級經營成效的影響。因此，爲了增進教師的班級經營效能，進而達成教學目標，具備良好的班級經營知識及研究能力，不論是對於預備成爲教師的人，或對目前實際從事教育工作的教師而言，都顯得非常的重要。

　　筆者本身曾從事國小教育工作近十年，擔任科任教師、級任教師、教師兼組長、教師兼主任等工作，後來轉任大學，在教育學程中心、教育研究所講授「教學原理」、「班級經營」、「國民教育研究」、「教育評鑑研究」等課程，面對著不同的班級型態，期間不斷地研究發展與因應不同型態的班級經營，在悉心地觀察學習與研究歸納不同型態的班級環境後，發現一位優秀的教師必須具備以下三項班級經營的知能，才能愉快勝任其教學的工作：(1)良好的教室領導技巧；(2)良好的班級經營策略；(3)良好的教師教學效能。誠如 Mayer (1987) 的研究指出：每一位教師必須瞭解在教室裡的四大主題——(1)學生如何發展和思考；(2)教學如何影響學生的訊息處理；(3)教師如何描述及分析不同科目教材內容的學習重點；(4)學生間的個別差異如何影響教學，進而瞭解和改進自己的教學歷程，由此得到對教室歷程的較完整理解，並能進行較爲良好的班級經營。

筆者在這十幾年的「班級經營」實務與教學研究中，深刻地體認與體驗到一位教師若能對於教室領導技巧、班級經營策略、教師教學效能等三項班級經營知能，認真地學習、研究、檢核與熟練，其必定能夠成為一位勝任愉快的教師。因此，請讀者先做**表1-1**的「班級經營知能自我檢核表」，以瞭解自己目前所具備的班級經營知能的現況，作為自我充實與熟練加強班級經營知能的努力方向。

　　請仔細閱讀表1-1中的陳述，並請從選項中圈出適合您的答案。「0」、「1」、「2」、「3」、「4」、「5」分別表示你與問題陳述情況相似的程度。「0」表示此項陳述一點也不像您的情況，「5」表示此一情況非常相似您的情況。做完全部題目並統計總得分之後，請參閱表後的得分解釋。

第二節　班級經營知能的內容

　　班級事務繁雜衆多，學生差異莫衷一是，在緊湊的教學活動、繁忙的班級事務中，如何傳情達意凝聚衆志，成為亦師亦友的班級領導人物，使班級快速步上正常運轉的軌道，是班級經營知能的一大展現。但是，朱文雄（民78）指出：師範學院學生每年在「集中教育實習」所面臨之最大困擾，是班級管理的問題。由於不能善加預防、指導和控制教室中學生的行為，使他們的教學大打折扣，甚而產生挫折感、無力感，對他們而言，「集中教育實習」簡直是惡夢一場。因此，學習、研究、檢核與熟練「教室領導技巧」、「班級經營策略」、「教師教學效能」三項良好的班級經營知能，非常

表 1-1　班級經營知能自我檢核表

Ⅰ.教室領導技巧部分
  1.在班級經營中，我的情感表達技巧很好。　　　　0 1 2 3 4 5
  2.在班級經營中，我的敏銳洞察技巧很好。　　　　0 1 2 3 4 5
  3.在班級經營中，我的情緒控制技巧很好。　　　　0 1 2 3 4 5
  4.在班級經營中，我的口語溝通技巧很好。　　　　0 1 2 3 4 5
  5.在班級經營中，我的人際關係技巧很好。　　　　0 1 2 3 4 5
  6.在班級經營中，我的角色轉換技巧很好。　　　　0 1 2 3 4 5
Ⅱ.班級經營策略部分
  1.在班級經營中，我能善用安排教室環境策略。　　0 1 2 3 4 5
  2.在班級經營中，我能善用建立和諧溝通策略。　　0 1 2 3 4 5
  3.在班級經營中，我能善用監督學生活動策略。　　0 1 2 3 4 5
  4.在班級經營中，我能善用建立教室規則策略。　　0 1 2 3 4 5
  5.在班級經營中，我能善用獎懲增強策略。　　　　0 1 2 3 4 5
  6.在班級經營中，我能善用處理不良行為策略。　　0 1 2 3 4 5
Ⅲ.教師教學效能部分
  1.在班級經營中，我能展現教學自我效能信念。　　0 1 2 3 4 5
  2.在班級經營中，我能系統呈現教材內容。　　　　0 1 2 3 4 5
  3.在班級經營中，我能使用多元有效教學技術。　　0 1 2 3 4 5
  4.在班級經營中，我能有效運用教學時間。　　　　0 1 2 3 4 5
  5.在班級經營中，我能建立和諧師生關係。　　　　0 1 2 3 4 5
  6.在班級經營中，我能營造良好班級氣氛。　　　　0 1 2 3 4 5

總得分：

請將你的總得分結果，參照以下得分解釋：
(1)得分為 81 分至 90 分者，顯示具有極高的班級經營知能。
(2)得分為 73 分至 80 分者，顯示具有中上程度的班級經營知能。
(3)得分為 64 分至 72 分者，顯示具一般程度的班級經營知能。
(4)得分低於 64 分以下者，表示需要大量發展各類班級經營知能。

有助於教師將忙亂的班級事務化繁為簡，使得班級的各項活動能依教育的原理正常運作。

一、教室領導技巧內容

　　教室領導技巧是教師對學生產生影響的歷程，它包括班級團體或組織目標的選擇、完成既定目標工作活動的組織、激勵學生達成學習目標的動機。亦即教師能透過一些方法或技巧，如情感表達的技巧、敏銳洞察的技巧、情緒控制的技巧、口語溝通的技巧、人際關係的技巧、角色轉換的技巧來改變學生的行為，維持班級團隊與合作關係，及爭取其他團體或組織的支持與合作，以達到預期的教育目標。

　　在教室領導技巧的研究，筆者係根據領導理論大師G.Yukl的研究：其指出領導者必須具備高度的領導技巧才能產出高度的領導效能，如高度自信、有活力、情緒成熟、壓力容忍度、管理動機、專業技巧、概念技巧、人際關係技巧及特殊技巧（分析能力、說服力、說話能力、對細節的記憶、同理心、機智、魅力），都是領導者必備的技巧，進而發展成為「教室領導技巧」測量指標的主要內容。並將主要內容歸納為以下六個測量指標：

　　1.情感表達的技巧：係指教師之肢體語言豐富、聲調變化有秩、動作態度有勁，能展現魅力流露真情，吸引學生的注意。

　　2.敏銳洞察的技巧：係指教師能在最短時間內，從學生的眼神、動作、姿勢、言談、作業等，解讀出學生的情緒，並能

感同身受。

3. 情緒控制的技巧：係指教師能夠面對自己真實的感受，即使在感到生氣、傷心或憂慮的時刻，仍能控制內在情緒，以平和及鼓舞的神情面對情境。

4. 口語溝通的技巧：係指教師與學生溝通時，能掌握重點口齒清晰，措辭達意，清楚扼要的表達，容易切入話題，善用澄清、重述等技巧，即使面對眾多學生的表達，也能侃侃而談。

5. 人際關係的技巧：係指教師對於人際規則的認知深刻，易於察覺人際往來的互動關係，善於觀察且樂意傾聽，能敏銳解析人際現象，表現出適當的社交行為。

6. 角色轉換的技巧：係指教師在教室與生活中，能扮演好各種不同角色，以適應不同狀況，並隨時能調整自己的行為，以符合當時情境的需求。

二、班級經營策略內容

班級經營策略是指教師或師生遵循一定的準則，適當而有效地處理班級中的人、事、物等各項業務，以發揮教學效果，達成教育目標的歷程。亦即教師透過一些方法或策略，如安排教室環境策略、建立和諧溝通策略、監督學生活動策略、建立教室規則策略、善用獎懲增強策略、處理不良行為策略等六個向度，進而能夠維持一個有效率的學習環境，營造良好師生關係，促進有效教學與成功學習。

在班級經營策略的研究，筆者係根據班級經營專家 C. H.

Edwards的研究：其指出教師能夠妥善使用班級經營的策略，藉以增進團體的凝聚力，提高班級士氣，激勵學生的動機、興趣與努力，提昇教學效率與教室裡的成功學習，都是教師必備的知能，進而發展成為「班級經營策略」測量指標的主要內容。並將主要內容歸納為以下六個測量指標：

1. 安排教室環境策略：係指教師能夠審慎安排教室空間，進行一般教室佈置及單元教學活動佈置，並能善用積極肯定，發揮專業權威的人際影響力面對學生，進而創造良好的教室物理環境與人文環境。

2. 建立和諧溝通策略：係指教師能夠深度傾聽學生的說話，有效進行接收技巧和傳送技巧，專注及運用建設性回饋技巧，以促進師生互動。

3. 監督學生活動策略：係指教師能夠運用人際距離、目光接觸、面部表情、身體姿勢、手勢信號、合宜的音韻、咬字清楚及暫停技巧，順利地掌握班級的狀況。

4. 建立教室規則策略：係指教師能夠建立教室常規，導正學生的目標，進行良好的班級經營活動。

5. 善用獎懲增強策略：係指教師能夠善用獎懲增強策略，使學生循規蹈矩，愉快且充實地進行各項班級活動。

6. 處理不良行為策略：係指教師愈能處理學生個別問題、學生間問題、班級團體問題，以協助學生改正不良行為，進行良好的班級經營活動。

三、教師教學效能內容

　　教師教學效能是指教師能夠促進有效的教學與學習，增強自己對學校教育的力量、學生學習成敗的責任、對學生影響力等各方面的效能，營造良好教室氣氛，提高教育品質，達成教育目標。亦即教師能夠透過教學自我效能信念、系統呈現教材內容、多元有效教學技術、有效運用教學時間、建立和諧師生關係、營造良好班級氣氛等六個向度來創造一個有效率的學習環境，營造良好學習氣氛，促進有效教學與成功學習。

　　在教師教學效能的研究，筆者係根據教學研究專家G.D.Borich的理論，其指出有效教學是指教師的教學能夠有系統、循序漸進、符合邏輯性、清楚明確、富變化及多采多姿，關心並幫助學生學習目標的達成，提高學生課程內容的學習成功，進而發展成為「教師教學效能」測量指標的主要內容。並將主要內容歸納為以下六個測量指標：

1. 教學自我效能信念：係指教師從事教學工作時，其對本身所具有的能力，以及對學生影響程度的一種有效能的主觀評價。

2. 系統呈現教材內容：係指教師在教室教學時，能夠有系統地呈現教材內容，明確傳達教學意向，提供完整的知識架構，清楚地教導教材知識。

3. 多元有效教學技術：係指教師在教室教學時，能夠採用多元

有效教學技術，引起並維持學生注意力，能使用多種不同教學方法，能運用教學媒體，及使用發問與討論的技巧，並給予學生回饋、校正與獨立練習，增進教學與學習的效果。

4. 有效運用教學時間：係指教師在教室教學時，能夠有效運用教學時間，合理分配每一教學活動時間，維持緊湊流暢的教學步調，促使學生能積極學習，增進教學與學習的效果。

5. 建立和諧師生關係：係指教師在教室教學時，能夠努力建立和諧師生關係，重視學生個別的反應與需求，建立和諧愉快的教室氣氛，給予學生公平的待遇，積極關懷激勵學生向上，增進教學與學習的效果。

6. 營造良好班級氣氛：係指教師在教室教學時，能夠負起營造良好班級氣氛的責任，創造一個有效能的學習環境。

第三節　教室領導技巧、班級經營策略與教師教學效能的關係

　　為了能更深入的探討與分析班級經營知能的重要性，筆者（民86）以實證研究的方式，建構了班級經營知能的模式如**圖**1-1，並且以線性結構關係的研究方法，驗證「教室領導技巧、班級經營策略對教師教學效能的影響情形」，研究所得結果如下所述：

　　由圖1-1可看出，「教室領導技巧」對「教師教學效能」的影響情形，發現其徑路係數.798，其t值為16.41，已達.001顯著水準。也就是說「教室領導技巧」對「教師教學效能」有非常明顯的影響效果。而且「教室領導技巧」的六個測量指標「情感表達的技巧」、

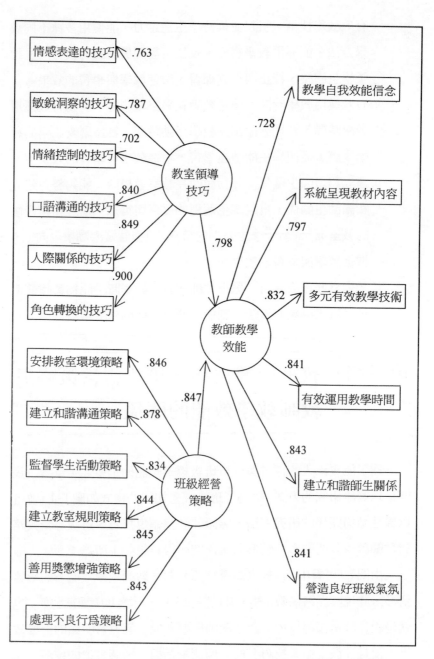

情感表達的技巧 .763

敏銳洞察的技巧 .787

.702
情緒控制的技巧

教室領導
技巧

.840
口語溝通的技巧

.849

人際關係的技巧

.900

角色轉換的技巧

教學自我效能信念

.728

系統呈現教材內容

.797

.798

教師教學
效能

多元有效教學技術
.832

.841

有效運用教學時間

安排教室環境策略 .846

.847

建立和諧溝通策略 .878

.843
監督學生活動策略 .834

建立和諧師生關係

班級經營
策略

建立教室規則策略 .844

.845

善用獎懲增強策略

.843
.841

營造良好班級氣氛

處理不良行為策略

圖 1-1　教室領導技巧、班級經營策略、教師教學效能的關係模式圖

敏銳洞察的技巧」、「情緒控制的技巧」、「口語溝通的技巧」、人際關係的技巧」、「角色轉換的技巧」之結構係數分別為.763、.787、.702、.840、.849、.900，其t值皆達顯著水準。由此，可以看出當教師的教室領導技巧之「情感表達的技巧」愈高、「敏銳洞察的技巧」愈高、「情緒控制的技巧」愈高、「口語溝通的技巧」愈高、「人際關係的技巧」愈高、「角色轉換的技巧」愈高，則這些測量指標對「教師領導技巧」的推力也愈強，此一結果也產生對「教師教學效能」非常明顯的影響力。

其次，從圖1-1也可以看出，在「班級經營策略」對「教師教學效能」的影響情形，發現其徑路係數.847，其t值為15.56，已達.001顯著水準。也就是說「班級經營策略」對「教師教學效能」有非常明顯的影響效果。而且「班級經營策略」的六個測量指標「安排教室環境策略」、「建立和諧溝通策略」、「監督學生活動策略」、「建立教室規則策略」、「善用獎懲增強策略」、「處理不良行為策略」之結構係數分別為.846、.878、.834、.844、.845、.843，其t值皆達顯著水準。由此，可以看出當教師班級經營策略之「安排教室環境策略」愈佳、「建立和諧溝通策略」愈佳、「監督學生活動策略」愈佳、「建立教室規則策略」愈佳、「善用獎懲增強策略」愈佳、「處理不良行為策略」愈佳，則這些測量指標對「班級經營策略」的推力也愈強，此一結果也產生對「教師教學效能」非常明顯的影響力。

此外，從圖1-1亦可看出，「教師教學效能」的六個測量指標「教學自我效能信念」、「系統呈現教材內容」、「多元有效教學技術」、「有效運用教學時間」、「建立和諧師生關係」、「營造良好班級氣氛」之結構係數分別為.728、.797、.832、.841、.843、

.841，t 值皆達顯著水準。由此，可以看出當教師教學效能之「教學自我效能信念」愈佳、「系統呈現教材內容」愈佳、「多元有效教學技術」愈佳、「有效運用教學時間」愈佳、「建立和諧師生關係」愈佳、「營造良好班級氣氛」愈佳，則這些測量指標對「教師教學效能」的拉力也愈強，此一結果也將「教師教學效能」因素結構化，並且形成與「教室領導技巧」、「班級經營策略」非常明顯的互動影響結構關係。

第四節　本書的組織

　　本書主要關心的重點是：我們能經由什麼歷程來幫助教師們的班級經營知能成長。更詳細的說，本書想要透過學習、研究、評鑑檢核與熟練等方法，來增進教師們的班級經營知能，其中包括各項班級經營知能的基本概念、理論基礎、評鑑與自我檢核。在第一章簡介過班級經營知能後，本書分為三大部分，代表著班級經營知能的三個主要研究向度：(1)教室領導技巧；(2)班級經營策略；(3)教師教學效能。它們包含了以下主題：

一、教室領導技巧

　　這一部分主要是介紹教室領導技巧及其理論基礎。它以介紹領導技巧的基本概念為開始，進一步談到教室領導技巧的研究取向

（第二章），其次探討教室領導技巧的緣起與發展（第三章），然後根據這些領導理論發展出教室領導技巧的評鑑與自我檢核量表（第四章）。

　　第二章教室領導技巧的基本概念，探討國內外專家學者對教室領導技巧的觀點、內容、功能，以及研究取向。第三章教室領導技巧的理論基礎，包括領導特質與技能、領導行為、情境領導、權變領導、魅力領導、轉型領導、組織文化領導研究。第四章教室領導技巧的評鑑與自我檢核，強調以實證研究的方式，編製發展一套「教室領導技巧量表」作為教師評鑑與自我檢核班級經營知能的工具。

二、班級經營策略

　　這一部分主要是介紹班級經營策略及其理論基礎。它以介紹班級經營策略的基本概念為開始，進一步談到班級經營策略的研究取向（第五章），其次探討班級經營策略的緣起與發展（第六章），然後根據這些經營理論發展出班級經營策略的評鑑與自我檢核量表（第七章）。

　　第五章班級經營策略的基本概念，探討國內外專家學者對班級經營策略的觀點、內容、功能，以及研究取向。第六章班級經營策略的理論基礎，包括Skinner、Canter、Kounin、Jones、Dreikurs、Glasser、Berne & Harris、Ginott、Redl & Wattenberg等專家學者的班級經營策略研究。第七章班級經營策略的評鑑與自我檢核，強調以實證研究的方式，編製發展一套「班級經營策略量表」作為教師評鑑與自我檢核班級經營知能的工具。

三、教師教學效能

　　這一部分主要是介紹教師教學效能及其理論基礎。它以介紹教師教學效能的基本概念為開始，進一步談到教師教學效能的研究取向（第八章），其次探討教師教學效能的緣起與發展（第九章），然後根據這些教師教學效能理論發展出教師教學效能的評鑑與自我檢核量表（第十章）。

　　第八章教師教學效能的基本概念，探討國內外專家學者對教師教學效能的觀點、內容、功能，以及研究取向。第九章教師教學效能的理論基礎，包括教學歷程研究、自我效能理論、系統觀察與績效制度、學生管理理念、實驗研究與過程技能、中介概念與教師思維、多向度教學效能概念的教師教學效能研究。第十章教師教學效能的評鑑與自我檢核，強調以實證研究的方式，編製發展一套「教師教學效能量表」作為教師評鑑與自我檢核班級經營知能的工具。

教室領導技巧的基本概念

教室事務繁雜眾多，學生行為差異莫衷一是，在緊湊的教學活動、繁忙的班級事務中，教師如何傳情達意凝聚眾志，成為亦師亦友的教室領導人物，使班級快速步上正常運轉的軌道，是教師教室領導技巧的一大展現。

教室領導技巧（classroom leadership skills）的研究，可溯源自領導行為特質論的研究時期。那一時期研究取向的根本假設：認為有些人是「天生的」領導者，這種人天賦有某些他人所無的領導特質和技巧，使其成為高效能領導者。例如，Yukl（1994）指出高效能領導者的研究，可經由實證研究的方法指認某些重要的領導者特質和技巧，諸如自尊、支配性、情緒穩定性、智力、語文流暢性、創造力、社會洞察力等，這些都是成為高效能領導者必須具備的領導特質與領導技巧。因此，教師若能學習與熟練良好的教室領導技巧，將有助於教師成為高效能的領導者，將忙亂的班級事務化繁為簡，使得班級的各項活動能依教育的原理正常運作。以下將分別從教室領導技巧的意義、教室領導技巧的功能、教室領導技巧探討的內容、教室領導技巧的研究取向等來加以分析探討教室領導技巧的基本概念。

第一節　教室領導技巧的意義

為了瞭解教室領導技巧的意義，首先必須對「領導」的意義作一剖析，再據以探索「教室領導技巧」的意義。

一、領導的意義

■ 從國內專家學者之相關研究來看「領導」

劉興漢（民74）指出：領導含有率先示範、啓迪、訓教、誘引直到組織目標達到實現等多層意義，所謂有效的領導乃是一種行為的影響力達到組織中每一份子，激發其工作意願以實現組織的目的。

謝文全（民74）指出：領導是在團體情境裡，藉著影響力，來引導成員的努力方向，使其同心協力齊赴共同目標的歷程。

蔡培村（民74）指出：學校領導是指集合學校內所有教職員工給予適當的激勵，使他們的工作步調一致，努力完成學校教育目標的一連串活動而言。

吳秉恩（民75）指出：領導是指在二人以上之人際關係，其中一人試圖影響他人以達成既定目標的過程。狹義而言是指主管對部屬之影響；廣義而言是指在群體中任何一個人對另一個人之影響。

黃昆輝（民77）指出：教育行政領導乃是教育行政人員指引組織方向和目標，發揮其影響力，以糾合成員意志，利用團體智慧，激發並導引成員心力，從而達成組織目標之行為。

曾仕強、劉君政（民78）指出：領導是一種程序，使組織成員共同為團體目標的達成而努力。有領導者，也有被領導者，更有彼此共處的情境。這三者構成的互動，便是領導。

張潤書（民79）指出：領導是組織人員在交互行為下所產生的

影響力。

王加微（民79）指出：領導乃是引導和影響下屬在一定條件下實現目標的行動過程。

吳清山（民80）指出：領導乃是團體中的份子（領導者）在一定的情境之下，試圖影響其他人的行為，以達成特定目標的歷程。

陳彰儀（民84）指出：領導是一種對別人產生影響的過程，亦即領導者透過一些方法或技巧來改變被領導者的行為，以達到預期的目標。

歸納而言，從國內專家學者之相關研究來看，「領導」的意義是一種「領導者」對其組織成員產生影響的歷程，它包括團體或組織目標的選擇、完成既定目標工作活動的組織、激勵部屬成員達成目標的動機。

■ 從國外專家學者之相關研究來看「領導」

Hemplill & Coons（1957）指出：領導是個人引導群體活動以達共同目標的行為。

Janda（1960）指出：領導是一種特殊的權力關係，特徵為一群人覺得另一群人有權規定他們的行為。

Tannenbom, Massarik & Weschler（1961）指出：領導是施於某一情境的人際影響力，透過溝通過程來達成特定目標。

Lipham（1964）指出：領導是為完成或改變組織目標所倡導的各種新的架構或程序。

Jacobs（1970）指出：領導是人與人的互動，其中一人以某種方式提供某種情報，使另外的人深信他，若照做時，成果會更好。

Stogdill（1974）指出：領導乃是在期望和互動的架構中的倡

導和維持作用。

Kochan, Schmidt & DeCotiis（1975）指出：領導是某甲的行動改變某乙的行為之影響歷程，而某乙總認為這種影響是合法的，其改變的行為符合個人的目標。

Fiedler（1976）指出：領導乃是在團體中負起指導與協調活動的工作。

Katz & Kahn（1978）指出：領導是超過例行為組織指引的機械式服從的影響力。

Rauch & Behling（1984）指出：領導是指影響組織團體的活動朝向目標達成的歷程。

Hosking（1988）指出：領導者們是能夠對社會秩序作有效貢獻的人，他們通常被期待和知覺應該如此做。

Jacobs & Jaques（1990）指出：領導是一個獲得有意義目標的歷程，包括集合眾志、激勵士氣去努力達成目標。

Robbins（1992）指出：領導是影響團體達成目標的能力。這種影響的來源可能是正式的，譬如因位居組織之管理階級而有的影響力。

Yukl（1994）指出：領導是一種影響部屬活動的歷程，它包括團體或組織目標的選擇、完成既定目標的工作活動組織、激勵部屬達成目標的動機、維持團隊與合作關係，及爭取外部團體或組織的支持與合作。

歸納而言，從國外專家學者之相關研究來看，「領導」的意義是「領導者」透過一些領導方法或領導技巧，來改變被領導者的行為，維持團隊與合作關係，及爭取外部團體或組織的支持與合作，以達到預期的目標。

二、教室領導技巧的意義

　　教師教室領導技巧的內容相當重要，教師在於教室領導活動中所要注意的事項很多，如何在龐雜的教室活動中理出頭緒把握重點，使得教室裡的各項活動能依教育的原理正常運作，教師就必須講求教室領導技巧，才能成為一位有效能的教室領導者與教學者。因此，教室領導技巧的意義，從其範圍而言，可分為廣義和狹義兩個層面來解釋。

■ 廣義的教室領導技巧

　　教室是一個具有特色、複雜的小社會，也是為實施教學所設置的有系統教育型態，例如，學生學業的成就、社會人際關係的技巧、健全人格的發展等，都是受到教師教室領導的影響。因此，在教室的情境裡，領導者（教師）要發揮其領導者的高領導效能，能夠運用某些領導技巧來影響被領導者（學生），發揮領導者的影響力。

　　林邦傑（民82）指出：領導是在一個團體裡，領導者運用其智慧和能力使團體朝向目標前進，而被領導者在領導者的尊重與接納下，願意與之配合，共同為達成目標而努力的歷程。因此，教師們「教室領導」的成功失敗與否，對學生學習成就、人格發展，甚至對家庭、社會及整個國家的健全發展，都具有相當重要的影響力。

■ 狹義的教室領導技巧

　　Yukl（1994）指出：領導者必須具備高度的領導技巧才能產

出高度的領導效能,如高度自信、有活力、情緒成熟、壓力容忍度、管理動機、專業技巧、概念技巧、人際關係技巧及特殊技巧（如分析能力、說服力、說話能力、對細節的記憶、同理心、機智、有魅力）,都是領導者必備的技巧。因此,教師領導技巧的發展訓練可使教師能獲得一些必要的領導理念、技巧和知能,促使教師能有效地使用班級經營策略,以增進教學效能,使教師在班級經營時應運用有效的方法,結合班級的內外之人、事、地、物等各項資源,依據教育原理,以發揮教育效果,達成教育目標的活動與歷程。

第二節　教室領導技巧的功能

　　教室是由人、事、地、物組合而成的綜合體,教師必須有系統的使用領導技巧,有計畫的經營管理,才能提高教學的績效。因此,教室領導技巧的主要目的,在於實現教學目標與教育目標。

　　美國俄亥俄州立大學（Ohio State University）曾於1950年進行領導的研究,利用創造、隸屬感、代表、統合、組織、支配、溝通、認可、生產等九項因素來測定領導功能,其研究結果並歸納出領導的三種基本功能:(1)保持團體關係;(2)達成團體目標;(3)增進成員互動行為。（Hemphill & Coons,1957）。

　　Stogdill（1974）歸納歷年來之領導研究結果指出:(1)古典學者所持的觀點:領導的主要功能為計畫、組織和控制;(2)行為學派學者所持的觀點:領導的主要功能為確定目標與維持所訂目標、提供達成目標的方法、提供和維持團體結構、增進團體活動及互動、

維持團體共識及成員滿足、增進團體任務表現。

黃昆輝（民77）指出：領導的功能應依組織大小來區分，(1)在大型組織中的功能為：內部的維持與外部的適應；(2)在小型團體中的功能為：具體活動的實踐，如激發動機、管制品質、處理訊息、做好決定。

張潤書（民79）指出：領導的功能歸納為以下九項：(1)協調；(2)團結；(3)激勵；(4)計畫；(5)授權；(6)指導；(7)溝通；(8)考核；(9)公共關係。

吳清山（民80）指出：歸納領導的功能可以分為以下三項：(1)促進團體達成目標；(2)維持團體組織完整；(3)激勵成員工作士氣。

第三節　教室領導技巧探討的內容

在教室情境裡，教師要發揮其領導者的領導效能，必須具有某些權力來影響其學生，而教師權力的來源或權力的內涵，有幾位專家學者也致力於這項問題的探討，協助領導者（教師）發揮其領導者的高領導效能，以達到預期的目標。

德國社會學家Weber（1947）指出：以領導者實施統治的名義和從屬者所以服從指揮的理由，將領導者的權力內涵區分為三大類：

1. 精神感召的權威（charismatic authority）：此一領導力量，係指來自領導者本身魅力和特有的風範，使其得以吸引

大批的追隨者，並且影響他們。

2. 傳統的權威（traditional authority）：此一領導力量，係指來自代代傳承的世襲地位，譬如帝國君主及部落酋長等，他們之所以使人服從，非關乎彼等之決策品質，而是因為身居這種職位的人，素來受人服從之故。

3. 法理的權威（legal authority）：此一領導力量，係指來自法律規章，普受全社會機構之支持，如公司執事人員及學校行政人員等法理權力，以其享有法定的權利與義務去發號施令，故能令人服從。

French & Raven（1960）將領導者權力內涵劃分為五大類：

1. 法職權（legitimate power）：係指藉法規或職位而取得的領導權力，在組織中領導者的職位會賦予其權力，如學校校長、公司的總經理等。

2. 獎賞權（reward power）：係指由於部屬遵從領導者的命令或要求，領導者能夠給予部屬獎賞的權力。

3. 強制權（coercive power）：係指由於部屬不服從命令，領導者可以強制或處罰部屬的權力。

4. 專家權（expert power）：係指由於個人具有特殊的才能或知識，而取得的權力。

5. 參照權（reference power）：係指由個人人格高尚，或魅力的領袖氣質，而使追隨者產生認同，所取得的權力。

Yukl（1994）將領導者的權力內涵區分為三類：

1. 職位權（position power）：此一領導力量，係指正式的權

威、控制資源和獎賞、控制處罰、控制分配、控制生態所取得的權力。

2. 個人權（personal power）：此一領導力量，係指個人專門技能和知識、友善、忠誠、人格高尚所取得的權力。

3. 政治權（political power）：此一領導力量，係指控制決定過程、結合或聯盟形成某一團體有助於得到想要的東西、投票參與決定表決、制度化等所取得的權力。

陳木金（民86）研究指出：國民小學班級活動的內容繁雜，教師在班級活動中所要處理的事務很多，如何在忙亂的工作中理出頭緒把握重點，使得班級的各項活動能依教育的原理正常運作，教師就必須講求「領導技巧」，才能成為一位有效能的領導者。並將教師教室領導技巧內涵分為六類：

1. 情感表達的技巧：係指教師之肢體語言豐富、聲調變化有秩、動作態度有勁，能展現魅力流露真情，吸引學生的注意。

2. 敏銳洞察的技巧：係指教師能在最短時間內，從學生的眼神、動作、姿勢、言談、作業等，解讀出學生的情緒，並能感同身受。

3. 情緒控制的技巧：係指教師能夠面對自己真實的感受，即使在感到生氣、傷心或憂慮的時刻，仍能控制內在情緒，以平和及鼓舞的神情面對情境。

4. 口語溝通的技巧：係指教師與學生溝通時，能掌握重點口齒清晰，措辭達意，清楚扼要的表達，容易切入話題，善用澄清、重述等技巧，即使面對眾多學生的表達，也能侃侃而談。

5. 人際關係的技巧：係指教師對於人際規則的認知深刻，易於

察覺人際往來的互動關係，善於觀察且樂意傾聽，能敏銳解析人際現象，表現出適當的社交行為。

6. 角色轉換的技巧：係指教師在教室與生活中，能扮演好各種不同角色，以適應不同狀況，並隨時能調整自己的行為，以符合當時情境的需求。

第四節　教室領導技巧的研究取向

Yukl（1989）指出早期領導研究者並不確定有哪些領導技巧才是有效領導的主要特質，但是他們確信有效的領導特質可經由實證研究指認出來，並且作為成功與領導效能的指標。以下分別從管理技巧、評鑑中心、領導特質、管理能力的重要事例、創造領導中心等五個研究取向來找出高效能教室領導技巧的指標。

一、管理技巧的研究取向

光有適當的動機組型是不夠的，一個人還需要有相當的技巧才能成為一個有效能的領導者。Mann（1965）提出了三分管理技巧的分類系統：

1. 專業技巧（technical skill）：有關執行特定活動的方法、歷程、程序與技術的知識，以及運用工具，操作與該活動相

關儀器的能力。

2. 人際技巧（interpersonal skill）：有關人類行為與人際歷程的知識，由他人言行中瞭解其情感、態度與動機的能力（同理心、社會敏感度）、有效且清晰溝通的能力（說話流暢性、說服力），以及建立有效與合作關係的能力（關於表現為人們接受的社會行為之策略、技巧與知識）。

3. 概念能力（conceptual skill）：一般分析能力、邏輯思考力，對複雜且模糊關係有效形成概念、構念化的能力，在意念產生與問題解決中表現的創造力、有分析事件與知覺到發展趨勢、預期改變與察覺到各種時機與潛在問題的能力（歸納與演繹推理能力）。

二、評鑑中心的研究取向

評鑑中心（assessment center）是指一套用來辨認出領導潛力的標準化程序，它運多種方法衡鑑領導特質和領導技巧，包括投射測驗、情境測驗、再加上諸如訪談與書寫測驗的傳統方法，而且在競爭甄選某領導（管理）職位的候選人，通常還需書寫書面資料以評估他們的書面溝通能力，及發表演講以評估他們的口頭溝通技巧。評鑑中心法能有效預測被甄選者的領導成效，如Bray, Campbell & Grant（1974）在美國AT&T公司進行一項八年的縱貫式研究，發現預測候選人晉升的最有效領導技能為：(1)口頭溝通能力；(2)人際關係技巧；(3)策畫組織技巧；(4)創造力。

林邦傑（民82）提出如何評估領導者的五大原則：(1)領導者是否能帶領團體往既定目標前進；(2)領導者是否能明確地分派組織中的角色；(3)領導者是否賞罰公正分明；(4)領導者是否瞭解部屬的需求；(5)領導者是否忠貞可靠。

三、領導特質的研究取向

　　吳秉恩（民75）指出三項特質與領導效能最密切，應予培養：

1. 自知力（self-awareness）：即自知在別人心目中之地位，下屬對其所採領導行為將如何反應。
2. 自信心（self-confidence）：領導者應具領導他人的信心。
3. 溝通力（ability to communicate）：指領導者應具備溝通與協調能力。

　　Stogdill（1974）檢視了一百六十三篇有關領導特質的研究，發現領導者具有強烈驅力願意承擔責任與完成任務，對目標追求不遺餘力，解決問題時大膽有創意，在社交情境中願採主動、自信且有自我認同感，願意接受決策與行動的後果，準備專注於人際壓力中，願意忍受挫折與延誤，有能力影響他人行為，有能力將社會互動體系結構化，以達成眼前的目標等特性，皆與領導效能有關。並進一步歸納出最常被視為屬於成功領導者特徵的特質與技能，如**表2-1**所示。

表 2-1　最常被視爲屬成功領導者特徵的特質與技能

特　質	技　能
能適應情境	聰明（智力高）
對社會環境敏感	概念清晰
有雄心且成就取向	有創意
自我肯定	民主且圓通
合作	談話流利
果斷	對團體工作知識豐富
可依賴	有組織能力（行政管理能力）
支配性（想影響他人）	有說服力
有活力（高活動水準）	有社會技巧
堅毅	
自信	
能容忍壓力	
願承擔責任	

資料來源：引自 *Leadership in organizations*, 3rd., p.256, by Yukl, 1994, Englewood
　　　　　Cliffs, NJ: Prentice Hall.

四、管理能力重要事例的研究取向

　　Boyatzis（1982）以一套重要事例研究計畫，在公立及私立兩類組織中進行各種研究，研究樣本來自各管理階層之二百五十三位領導人員，以找出與領導效能有關的條件。這些重要事例的領導特質與技能，經變異數分析的結果，發現九種條件有顯著影響：

1.表現對目標關心之效能取向。

2.表現出對權力象徵的高度需求與關切，關心對人的影響。

3.對自己能力與內控有強固的信念，行為上則表現出主動的行動。

4.相信自己的想法與能力，行為表現出行動果斷的自信。

5.運用符號、語文及非語文行為的能力，加上視覺補助，以向他人清楚且具說服力地做口語表達。

6.有能力辨認出訊息與事件中的組型與關係，並透過發展概念模式或主題，發展具有創意的解決方式及對問題有新看法的能力。

7.概念的診斷性使用：能演繹推理，運用一個概念或模式解釋事件、分析情境，區分相關與無關訊息，從計畫中找出偏差部分。

8.有能力發展關係網路與締結聯盟，贏得他人的合作，以建設性方式解決衝突，並運用角色模仿去影響他人。

9.有能力去管理團體歷程以建立成員對團體的認同，以培養團隊精神。

五、創造領導中心的研究取向

在「創造領導中心」（center for creative leadership）的研究，McCall & Lombardo（1983）曾試圖找出與高層領導人員成敗表現有關的領導特質與技巧，進行對曾晉升中級或高層領導人員

最後卻表現失敗的管理人員進行訪談，以蒐集他們的描述性資料。
其發現四項主要的領導特質與技巧：

1. 情緒穩定與沈著：失敗的領導人員較沒有處理壓力的能力，
   且容易心情不佳；相反的，成功的領導者則冷靜、自信，且
   在危機時做事仍有條理。
2. 防衛：失敗的領導人員較可能在失敗時防衛，而表現出企圖
   文過飾非或怪罪他人的行為；而成功者則承認錯誤、承擔責
   任，而設法補救。
3. 人際關係技巧：失敗的領導人員在人際技巧上較差；反之，
   一位成功的領導者是敏感、體恤與圓通的。
4. 專業技術與認知技能：一位成功的領導者可能在不同情境中
   經歷過不同的功能，如此，他們得以獲得一種較寬廣的觀點，
   並具有處理各型問題的專業知能。

綜合歸納前述領導技巧研究：管理技巧研究取向、評鑑中心研
究取向、領導特質研究取向、管理能力的重要事例研究取向、創造
領導中心研究取向的重要內容。可以找出一些有效的領導技巧，提
供教師在教室裡進行有效能領導，以增進教室裡有效的教學與成功
的學習。

教室領導技巧的理論基礎

領導理論的科學研究，除受時代背景與社會需要的影響外，領導學理研究的學者專家們更有其獨特的理論基礎與學科領域，以致各自發展出不同的領導模式。雖然如此，但也可將其理論重點與研究向度大致分爲創始、建立、轉變、充實四個時期，其中之重要學派，如特質與技能取向領導研究、領導行爲研究、情境權變取向領導研究、魅力領導、轉型領導、組織文化、團體決策等取向之領導研究。

　　回顧國內對於教師教室領導的研究，部分研究者集中於教師教室領導行爲或班級領導行爲研究，另有部分研究者則集中於領導理論在教室領導上的運用。然而有關於教室領導技巧的理論研究，目前國內仍然較少，本章擬就領導理論的科學研究與理論發展作一歸納，以作爲教室領導技巧理論發展的參考。

第一節　創始期——領導特質與領導技能的研究

　　此一時期的領導理論研究，以「特質與技能」爲主要研究焦點，大約是1900年至1945年最爲盛行，以後仍有學者從事研究，稱爲「特質與技能取向領導研究」。

　　Stogdill (1974) 歸納1904年至1947年一百二十四篇有關領導特質的研究指出，將與領導有關的因素歸納爲六類：

1.能力：包括智力、機智、語言流暢、獨創力、判斷力。
2.成就：包括學術、知識、運動成就。

3.責任：包括可靠性、進取心、毅力、積極性、自信心、求勝
  欲望。

4.參與：包括活動力、社交性、合作性、適應力及幽默感。

5.地位：包括社經地位、聲望。

6.情境：包括心理層次、地位、技巧、部屬的需求與興趣、目
  標達成等。

　　之後，Stogdill（1974）又歸納1948年至1970年一百六十二篇
有關領導特質進行的比較研究，結果發現領導者特質有：高度責任
感和使命感、追求目標的活力和毅力、解決問題的冒險性和獨創性、
接受決定和行動結果的意願、瞭解人際關係壓力的準備、容忍挫折
和延擱的意願、影響他人行為的能力及建立社會互動系統的能力。

　　Yukl（1994）認為領導者特質是最能預測領導效能的重要指
標，其特質包括：高度自信、有活力、情緒成熟、壓力容忍度、管
理動機；其次領導技能也是預測領導效能的重要指標，如專業技
巧、概念技巧、人際關係技巧及特殊技巧（如分析能力、說服力、
說話能力、對細節的記憶、同理心、機智、有魅力），都是領導者
必備的技巧。

　　吳清山（民80）指出，特質論主要是從生理和人格特質來解釋
領導，但是尚未發現生理的特質與成功領導相關程度，而且人格特
質與有效領導的研究結果也不太一致。因此，若從特質來解釋領導，
是有其限制，而且過於簡化，但是特質論在解釋領導本質仍有其貢
獻，譬如一個人的情感表達能力、智力、機智力、洞察力、權變能
力、企圖心等，這些特質都有助於扮演一位有效領導者的角色。

第二節　建立期——領導行爲的研究

此一時期的領導理論研究，以「領導行爲」爲主要研究焦點，大約是二次大戰至1960年，現仍有學者們從事研究，稱爲「領導行爲研究」。主要探討領導者影響團體的一套行爲模式，最有名的研究，如愛荷華州立大學（Iowa State University）的研究民主式、權威式、放任式領導行爲，密西根大學（University of Michigan）的研究任務取向、關係取向、參與式領導行爲，及俄亥俄州立大學研（Ohio State University）研究關懷式、倡導式領導行爲。

一、民主式、權威式、放任式領導行爲研究

愛荷華州立大學的研究，主要由K. Lewin、R. Lippit 與R. K. White所領導，該研究對象是以俱樂部中十九歲以前的小孩或成年的領導者爲主，旨在研究領導者三種行爲：

1. 民主式領導（democratic）：分級授權，對部屬能夠信賴和愛護，而且能透過共同討論來決定事務，重視溝通與協調。
2. 權威式領導（authoratic）：任何計畫和業務推動，均由領導者決定，部屬聽從命令，無權作主。

3. 放任式領導 (laissez-faire) ：任何事務任由部屬去做，領導者不加以任何干涉或介入，即使部屬遭遇到任何困難，亦由部屬自行設法去解決。

研究結果發現：三種領導型式對團體成員行為的影響，民主式的領導效果最佳，成員表現相當好，即使領導者不在時，亦有良好表現；其次是權威式領導；至於放任式領導的效果最差（吳清山，民80）。

二、任務取向、關係取向、參與式領導行為研究

密西根州立大學的研究，大約於1940年代左右進行，主要研究人員為D. Katz、N. Maccoby、N. C. Morse所領導，旨在瞭解領導者行為、團體歷程與團體表現的關係，以找出何種領導行為有助於團體的表現 (Katz, Maccoby & Morse, 1950)。後來Likert (1961) 曾將密西根大學研究，作一歸納整理，發現三種領導行為可以區別有效與無效的管理人員：

1. 任務取向行為：有效的管理人員不必花時間去做部屬所做同樣的工作、協調成員活動、提供必要的設備和技術協助，並引導部屬能夠建立高度且實際的績效目標。
2. 關係取向行為：有效管理人員是較體貼的、支持的、幫助部屬的，其有效的領導方法，包括信任部屬、對部屬有信心、友善和體恤、設法瞭解部屬、幫助部屬發展生涯、關心部屬、認可部屬的貢獻和成就。

3. 參與式領導：利用團體的視導代替個人的視導，利用團體會議方式激勵部屬參與決定、增進溝通、促進合作、解決衝突。

領導者在團體會議裡係扮演引導角色，保持支持上、建設上的態度，朝向於問題解決。Hoy & Miskel（1987）根據密西根大學研究結果分析，有以下三個發現：

1. 較有效能之領導者要比較無效能之領導者，傾向於與部屬建立支持性關係，也較能增強部屬的自尊心。
2. 較有效能之領導者要比缺乏效能之領導者，在督導及作決定之方面採團體方式，而非採個人對個人的方式。
3. 較有效能之領導者要比缺乏效能之領導者傾向於建立高層次的成就目標。

在國內研究方面，劉榮裕（民84）研究「國小級任教師班級經營領導模式與學生學業成就之相關研究」，發現在整體班級經營採用專制式、民主式和父權式領導的班級，國語科、數學科和國語數學平均等三項成績均極顯著高於放任式的班級。

三、關懷式、倡導式領導行為研究

1940年起，俄亥俄州立大學也進行領導行為的研究。研究最初的目的在發展一份問卷測量部屬對領導行為的描述，從蒐集的一千八百種領導行為中，歸納出良好重要領導功能一百五十題，然後對軍事人員和一般人民進行施測，同時也請受試者描述其領導者行

為，經過因素分析後，歸納為：

1. 「關懷」（consideration）：指一位領導者表現友善和支持部屬、關心部屬、照顧部屬福利的程度，例如接納部屬的意見，傾聽部屬的意見、事先與部屬磋商重要問題、對部屬一視同仁等。

2. 「倡導」（initating structure）：係指一位領導者界定其及部屬達到團體正式目標角色的程度，例如批評工作不力、指定部屬工作任務、維持所訂工作標準、提供解決問題方式、協調部屬活動等兩個因素，並根據最初的研究結果，發展領導行為描述問卷（Leader Behavior Description Questionnaire，簡稱LBDQ）、視導行為描述問卷（Super-visory Behavior Description Questionnaire，簡稱SBDQ）來測量關懷和倡導的領導行為（Hemphill & Coons, 1957）。

Dunham & Pierce（1989） 指出，由於關懷與倡導兩種領導行為彼此相互獨立，領導者一方面可以講求組織目標，一方面也可顧及成員需求。因此，倡導與關懷兩種行為交集之後，又可劃分為四種領導行為象限，如**圖3-1**所示：

1. 高關懷高倡導：領導者重視工作的達成，也關心部屬需求的滿足，在彼此相互尊重及信任氣氛下，兼重組織目標與個人需求的行為導向。

2. 低關懷高倡導：領導者強調組織任務的達成及目標的獲得，而較不關心部屬的需要。

3. 低關懷低倡導：領導者既不重視組織目標的達成，也不關心

部屬需求的滿足。

4.高關懷低倡導：領導關心部屬的需求滿足，但不重視組織目
  標的達成。

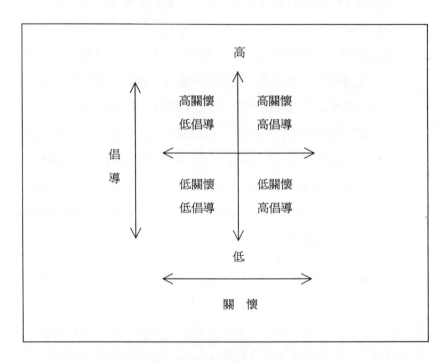

圖 3-1　俄亥俄大學領導行爲模式關係圖

資料來源：引自 *Management*, p.566, by R. B. Dunham & J. L. Pierce, 1989,
Glenview: Scot, Foresman and Company.

第三節　轉變期——情境、權變取向領導
研究時期

　　此一時期的領導理論研究，以「情境權變」爲主要研究焦點，大約是起於1960年開始，至今仍是領導研究的主流，稱爲「情境權變取向領導研究」。其基本觀點是：領導的效能高低需視領導者行爲與情境的配合程度而定，配合程度愈高，則領導效能愈高；反之，則愈低。「情境、權變取向領導研究」的理論觀點，主要以F. E. Fielder的權變理論；W. J. Reddin的三層面理論；R. J. House的途徑—目標理論；V. H. Vroom & P. W. Yetton的規範式權變理論；Kerr & Jerimer的領導替代模式；P. Hersey & K. H. Blanchard的情境領導理論；Yukl的多重聯結模式理論等爲代表，以下分別加以說明。

一、F. E. Fielder的權變理論

　　Fielder（1964）指出：一位良好的領導者乃是領導方式與情境需求的良好配合，且每一種領導方式只有用在適當的情境上，才有效果。其權變理論（theory of contingency）模式如**圖3-2**所示。

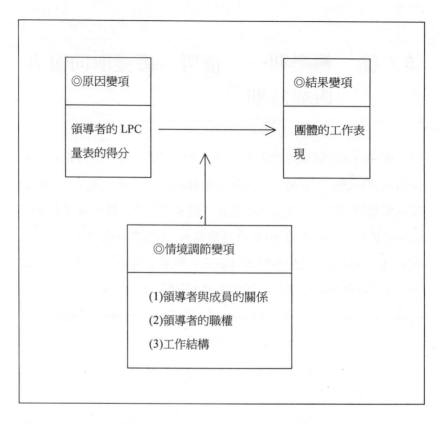

圖 3-2　Fielder 的權變理論「前因後果模式」理論圖

資料來源：引自 *Leadership in organizations,* 3rd., p.307, by Yukl, 1994, Englewood
　　　　Cliffs, NJ: Prentice Hall.

■ **原因變項**

　　原因變項係以領導者在LPC量表的得分為其領導方式。

　　Fielder 權變理論所採用的領導方式，以「The Least Prefer-
ed Co-Worker Scale，簡稱LPC」來測量，高LPC 的領導者，即
被稱為「關係取向領導者」，他通常是在全體員工共同參與的情況

下，透過良好的人際關來達成工作目標；而低LPC的領導者，被稱為「任務取向領導者」，他十分重視明確的工作程序及工作績效，不注意人際關係，也不善於協調人際衝突。

■ 情境調節變項

包括領導者與成員的關係、職權、工作結構：

1. 領導者與成員的關係：Fielder 曾發展「The Leader-Member Relations Scales，簡稱LMR」，測量成員對領導者的忠誠、信賴、支持程度。如果領導者能夠得到部屬的信賴和支持，則部屬會自動自發地工作，那麼領導者的影響力大。

2. 領導者的職權：Fielder設計了「The Position Power Scale」，測量領導者在其職位中所擁有的獎懲權力，也即是為了使領導者能夠領導和指揮，而賦予的職權。

3. 工作結構：Fielder曾利用「The Task Structure Scale」來評估工作指示、工作目標、工作程序的明確程度。領導者瞭解工作目標和程序後，在作決定時才能確實掌握工作的進度和結果，如此領導者在組織中將會具有較大的權威，也較容易得到部屬的支持。

■ 結果變項

結果變項係指團體的工作表現。

Fielder認為有效的領導，必須領導方式與領導情境相合。例如高LPC（關係取向）領導者在中度控制的情境下，有最好的表現；

而低LPC（任務取向）領導者在高度控制或低度控制的情境下，有最好的工作表現。

二、W. J. Reddin的三層面理論

Reddin (1967) 提出「三層面理論」（three dimension theory），他將大家頗為熟悉的領導行為（關係層面、任務層面），加上效能層面，形成三層面理論。任務層面則視一位領導者指揮其部屬，使其努力達成目標的程度；關係層面則視一位領導者具有高度相互信任、尊重部屬想法和體恤部屬之人際工作關係特徵的程度；效能層面則視領導者在其職位上所達成的目標來決定。其理論模式如圖3-3所示。

■ 原因變項

Reddin (1970) 將領導分為四種基本領導方式：

1. 低任務低關係：「分離型」。
2. 低任務高關係：「關係型」。
3. 高任務低關係：「盡職型」。
4. 高任務高關係：「統合型」。

■ 情境調節變項

Reddin (1970) 將情境因素分為五種：

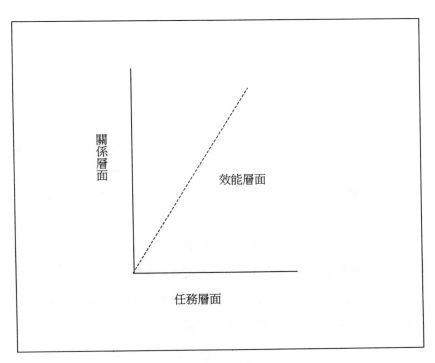

圖 3-3　Reddin 的三層面理論模式關係圖

資料來源：引自 "The 3-D management style theory: A typology based on task and
　　　　　relationships-orientation, (p.11)"，by W. J. Reddin, 1987, *Training and*
　　　　　Development Journal, 21.

1.組織的心理氣候。

2.工作所用的技術。

3.與上司的關係。

4.與同事的關係。

5.與部屬的關係。

■ **結果變項**

Luthans（1977）歸納Reddin的三層面領導效能。

1. 有效能的領導：領導者以執行者的角色扮演一位良好的激勵者，設定高水準、承認個別差異及利用團隊管理；以發展者的角色信任部屬，把人當人看待；以仁慈專制者的角色，精確地知道其所想的及如何達到而不會引起爭議；以官僚者的角色，關心在規定方面及維持、控制其情境。
2. 無效能的領導：領導者以妥協者的角色做很差的決定，受壓力的影響；以傳道者的角色扮演典型的好好先生，把和諧視為目的；以專制者的角色，對他人無信心，並只注意其目前的工作；以失職者的角色，不重視工作、沒有奉獻精神，而且是被動。

三、R. J. House的途徑——目標理論

House（1971）提出「途徑—目標」理論（path-goal theory），其基本假定：認為個人為理性而目標導向的，人們會選擇有價值目標的行為，故其中心概念強調領導者如何影響部屬對工作目標、個人目標及達成目標途徑的知覺，如果領導者行為愈能澄清達成目標的「途徑」，以促進部屬達成「目標」，則此行為愈能激勵或滿足部屬。所以領導者應該依情境因素而改變，才能獲得最高的領導效能。其理論模式如**圖3-4**所示。

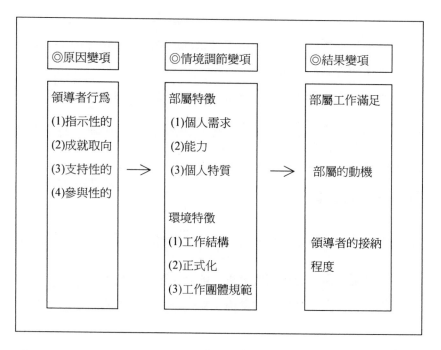

圖 3-4　House 的途徑——目標理論模式關係圖

資料來源：引自 *Educational Administration: Theory, Research and Practice,* p.295,
　　　　by W. K. Hoy, & C. G. Miskel, 1987, New York: Random House.

■ **原因變項**

原因變項係指領導者行為。

1.指示性領導行為：領導者會讓部屬知道他們所受的期望，指
　引部屬該做什麼事、怎麼做，使部屬瞭解其在團體中的角色、
　工作的進度、工作表現的標準，並要求部屬遵循標準法則。
2.支持性領導行為：領導者和藹可親、關懷部屬的地位、福利

及需求,使部屬工作愉快,且對部屬一視同仁。

3. 參與性領導行為:領導者徵求部屬意見,並於作成決定前能考慮部屬的建議。

4. 成就取向領導行為:領導者會設定挑戰性目標,期望部屬有最高水準的表現,並不斷尋求改進,相信部屬會負責、努力及完成目標。

■ 情境調節變項

情境調節變項包括部屬特徵與環境特徵。

1. 部屬特徵:包括個人需求、能力、個人特質等方面。
2. 環境特徵:包括工作結構、正式化及工作團體的規範。

■ 結果變項

係指領導者效能;結果變項領導者效能主要包括三大部分:部屬的工作滿足、部屬的動機、領導者接納程度。換言之,領導者愈能增進部屬工作滿足、增強部屬的工作動機,增進領導者被接納程度,則領導者行為愈有效能。

四、V. H. Vroom & P. W. Yetton 的規範式權變理論

Vroom & Yetton(1973)提出「規範式權變理論」(normative contingency theory),他們認為領導決定模式,主要強調

管理的決定是受各種不同情境問題的影響，它可由不同的領導方式
來解決。其理論模式如**圖3-5**所示。

■ 原因變項

Vroom & Yetton（1973）為四種基本領導方式：

1. 獨裁決策：領導者解決問題或決定，只利用對自己有用的訊息。
2. 商議型：領導者只跟個別有關的部屬討論問題，並取得他們

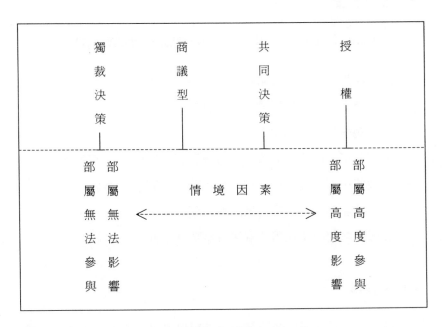

圖 3-5　Vroom & Yetton 規範式權變理論模式圖

資料來源：引自 *Leadership in organizations*, 3rd., p.158, by Yukl, 1994, Englewood

　　　　　Cliffs, NJ: Prentice Hall.

的想法和建議，而不採集體的方式。

　　3.共同決策型：領導者以集體方式與部屬討論問題，收集他們
　　　的想法和建議。然後領導者所作決定，也許會或也許不會受
　　　部屬的影響。

　　4.授權型：領導者以集體方式與部屬討論問題，然後提出和評
　　　估解決方案，並設法取得共識。領導者的角色就像是一位主
　　　席，並不想影響團體來接受領導者的提議，且願意接受和執
　　　行整個團體所支持的解決方案。

■ **情境調節變項**

Vroom & Yetton (1973) 提出七個診斷性問題情境：

1.問題是否有品質要求嗎？
2.領導者是否有足夠的訊息作高品質的決定嗎？
3.問題是否有結構化？
4.部屬接受的決定與否，是否會影響往後的執行嗎？
5.假使領導者獨自作決定，能夠確定部屬接受嗎？
6.部屬能夠分享組織目標以解決問題嗎？
7.部屬之間對所採用的解決方案會產生衝突嗎？

■ **結果變項**

　　領導者一旦診斷出問題情境，就可以選擇一個領導方式。領導
者依情境改變其領導方式，各種不同的情境採取有效的領導方式，
使領導方式與情境配合。

五、S. Kerr & J. M. Jermier領導替代模式

　　領導替代模式（leadership substitute model）強調以個人心理因素、工作情境因素以及環境壓力因素等作為情境中介因素，以領導替代模式的領導者與部屬關係、工作結構以及職權三種情境因素作為理論架構（Kerr & Jermier, 1978）。並以支持式領導（關懷）與指導式領導（倡導）的特定可替代者（substitute）、中立者（neutralizer）關係，詳如**圖3-6**所示。

■ **可替代者**

　　1.使領導行為變得非必要與累贅。
　　2.部屬、任務特性與組織特性都不須特別說明，部屬即清楚瞭解其角色、知道工作方式。
　　3.部屬有強烈動機且對工作滿意。

■ **中立者**

　　1.任務特性與組織特性上防止領導者表現特定行為。
　　2.消除領導者任何特定的行動效能特性。

可替代者 或中立者	支持式領導 關懷	指導式領導 倡導
A.部屬特性：		
1.經驗、能力、訓練		可替代者
2.專業化取向	可替代者	可替代者
3.對組織提供獎賞漠不關心	中立者	中立者
B.任務特性：		
1.結構性的任務工作		可替代者
2.工作本身的回饋		
3.工作本身內在的滿足	可替代者	
C.組織特性：		
1.團結的工作團體	可替代者	可替代者
2.低職權（領導者缺乏控制權）	中立者	中立者
3.規格化（計畫目標權責均已明示）		可替代者
4.無彈性（僵化、規則與程序不容更改）		中立者
5.領導者與部屬隔絕	中立者	中立者

圖 3-6　Kerr & Jermier 領導替代理論圖

資料來源：引自 *Leadership in organizations*, 3rd., p.291, by Yukl, 1994, Englewood

　　　　Cliffs, NJ: Prentice Hall.

六、P. Hersey & K. H. Blanchard 的情境領導理論

Hersey & Blanchard (1988) 修正其「情境領導理論」(situational leadership theory)，他們指出情境領導任務行為、關係行為及成員準備度三者之間的關係。其理論模式如圖3-7所示：

■ 原因變項

原因變項係指領導行為（任務行為和關係行為）。

任務行為是指領導者想要組織及界定其成員角色的程度。這些行為包括告訴成員做何事、如何做、何時做、何地做、誰來做。因此特別重視目標的訂定、溝通、計畫、指示、控制。

關係行為是領導者從事雙向或多向溝通的程度。這些行為包括傾聽、激勵和支持性的行為。

基於這兩種概念，Hersey & Blanchard提出了基本領導行為的四種方式：

1.A1—高任務低關係。
2.A2—高任務高關係。
3.A3—低任務高關係。
4.A4—低任務低關係。

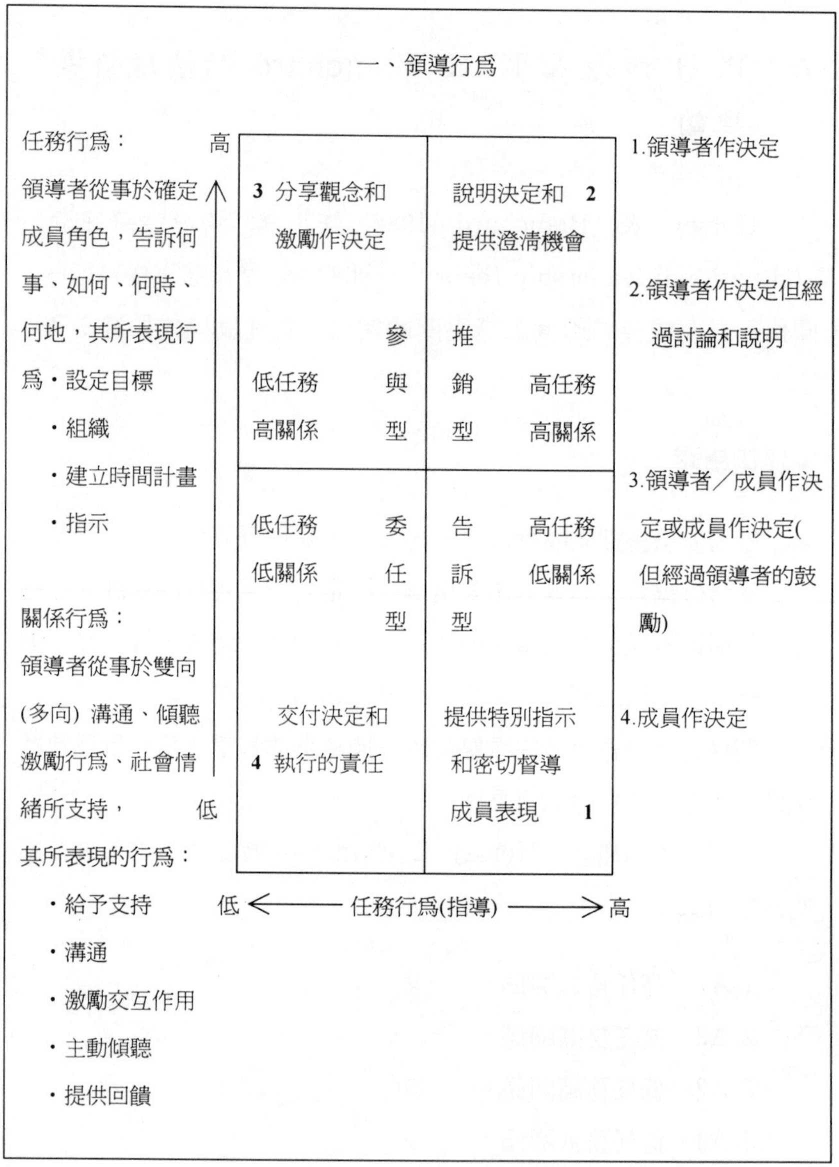

一、領導行為

任務行為：　　　　　高

領導者從事於確定
成員角色，告訴何
事、如何、何時、
何地，其所表現行
為‧設定目標
　‧組織
　‧建立時間計畫
　‧指示

關係行為：
領導者從事於雙向
(多向) 溝通、傾聽
激勵行為、社會情
緒所支持，　　　低
其所表現的行為：
　‧給予支持
　‧溝通
　‧激勵交互作用
　‧主動傾聽
　‧提供回饋

3　分享觀念和 　　激勵作決定	說明決定和　2 提供澄清機會
參 低任務　　　與 高關係　　　型	推 銷　　　高任務 型　　　高關係
低任務　　　委 低關係　　　任 　　　　　　　型	告　　　高任務 訴　　　低關係 型
交付決定和 4　執行的責任	提供特別指示 和密切督導 成員表現　　　1

低 ←―――― 任務行為(指導) ――――→ 高

1. 領導者作決定

2. 領導者作決定但經
　過討論和說明

3. 領導者／成員作決
　定或成員作決定(
　但經過領導者的鼓
　勵)

4. 成員作決定

圖 3-7　Hersey & Blanchard 的情境領導理論內涵圖

二、成員準備度

能力：

・有必備
　的知識
・有必備
　的經驗
・有必備
　的技巧

高	適	中	低
R4	R3	R2	R1
有能力和 有意願或 有信心	有能力但 無意願或 不安全的	無能力但 有意願或 有信心	無能力和 無意願或 不安全的

意願：

・具有信心
・具有承諾
　感
・具有動機

└ 成 員 指 示 ┘　└ 領 導 者 指 示 ┘

三、領導行為與成員準備度的配合

S4	S3	S2	S1
委託	參與	推銷	告訴
觀察 勸告 履行	激勵 合作 承諾	解釋 澄清 說服	指導 指示 建立

（續）圖 3-7　Hersey & Blanchard 的情境領導理論內涵圖

資料來源：引自 *Management of organizational behavior: Utilizing human resources,*
　　　　　p.182, by P. Hersey & K. H. Blanchard 1988, Englewood Cliffs, NJ:
　　　　　Prentice Hall.

■ **情境調節變項**

情境調節變項係指成員的準備度。

情境領導理論的準備度是指一位成員有能力和意願來達成某一特別任務的程度。簡言之，即一個人執行某一特別任務的準備情形。包括四種情形：

1. R1—無能力且無意願。
2. R2—無能力但有意願。
3. R3—有能力但無意願。
4. R4—有能力且有意願。

■ **結果變項**

結果變項係指領導者行為與成員的準備度的配合情形。

1. 準備度R1與領導方式A1的配合——告訴型（telling）。當成員的準備度R1時，最適當的方式即是給予大量的指導，而少給予支持性的行為，這種領導方式稱為告訴型，告知成員做什麼、何地做和如何做。

2. 準備度R2與領導方式A2的配合——推銷型（selling）。當成員的準備度R2時，最適當的方式即是給予大量的任務和關係行為，因為沒有能力，合予任務行為是適當的，而有意願最重要是給予支持性的行為，這種領導方式稱為推銷型，領導者不僅給予指導，也提供討論和澄清的機會。

3. 準備度R3與領導方式A3的配合——參與型（participat-

ing)。當成員的準備度R3時,最適當的方式即是給予大量的雙向溝通和支持性的行為,而給予少許的指導,因為個體已有能力來執行任務,就不必告知做何事、如何做和何地做。

4.準備度R4與領導方式A4的配合──委任型。當成員的準備度R4時,表示個體或團體已有能力、有信心、有準備、有意願時,必有足夠的練習機會,即使沒有上司的指示,心理也會感到很愉快。因此領導者就不必對成員提供何地、何事、何時或如何做的指示。

七、Yukl的多重聯結模式理論

Yukl(1971,1989,1994)提出「多重聯結模式」理論(multiple linkage model),其基本假定:認為領導者如何影響組織單位行為,此模式引入了關於效能管理行為的新知識,而經過修正包括中介變項和情境變項。其多重聯結理論模式如**圖3-8**所示。

■ 原因變項

原因變項係指領導者行為。

1.建立關係:包括建立關係網、支持、衝突管理與建立團隊。
 ・建立關係網:非正式地建立社會關係,與訊息來源、支持行為、與有關人士保持接觸,並透過定期互動,包括拜訪、電話聯絡與通信、出席會議與在社交場合露面方式等維持關係。

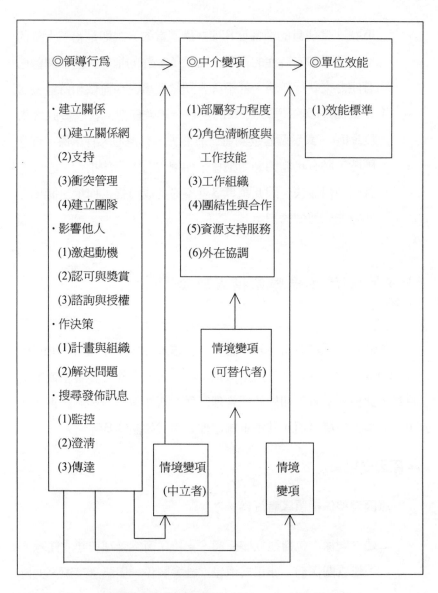

圖 3-8　Yukl 多重聯結模式關係圖

資料來源：引自 *Leadership in organizations,* 3rd., p.295, by Yukl, 1994, Englewood

　　　　Cliffs, NJ: Prentice Hall.

‧支持：行動友善、能體恤他人，當人們不高興時，表示同
情與支持，傾聽抱怨與困難，關心他人福祉，對其生涯提
供有利的建言，幫助某人使其事業能有進展。

‧衝突管理與建立團隊：鼓勵並促使衝突能有建設性的解決
方式，促成團隊工作與合作關係，並建立成員對組織單位
或團隊認同。

2.影響他人：包括激起動機、認可與獎賞、諮詢與授權。

‧激起動機：運用情緒訴求、價值或理性訴求方式等影響技
巧，引發成員工作的熱誠，並獻身工作目標，或誘使某人
遂行一項要求支持、合作、協助、資深或權威的請求，也
包括由本身行動為自己設立一個良好行為的模範。

‧認可與獎賞：對所有效率的行為表現、重大的成就，以及
特殊貢獻，提供讚賞、認可與各種獎賞，對某人表示推崇
與賞識。

‧諮詢與授權：決定改變措施之前，查詢會受到影響的成員，
鼓勵建言、決策時廣徵成員參與，並察納他人想法與建議，
同時准許他人在執行工作活動與處理難題時，可表現出不
同的作法。

3.作決策：包括計畫與組織、解決問題。

‧計畫與組織：決定長期目標與適應環境變遷的策略，確認
完成一項計畫或活動必要的行動步驟，根據優先順序分配
各活動所需的資源，以及決定改進效能、生產力的方式，
如何與組織其他部門進行協調合作。

‧解決問題：指出與工作有關的問題，以系統性但合時宜的
方式決定原因並找出解答，同時有決心地去完成解決方案

並處理危機。

4. 搜尋與發佈訊息：包括對運作方式與環境的監控、傳達、澄清角色與目標。

- 對運作方式與環境的監控：蒐集有關工作活動的進展與性質的訊息，以及活動或計畫的成敗、個人績效等資訊，並且決定客戶或使用者的需求，同時檢視環境找出具威脅的變項或機會。

- 傳達：散播有關決策、計畫與活動的訊息給需要的人士，提供他們書面資料與文件，答覆關於專業技能方面的諮詢，告知人們關於組織單位的訊息，並提高其聲望。

- 澄清角色與目標：分派工作，提供工作指示，並藉溝通使人們對工作職責、目標、底線、表現期望等能有充分瞭解。

■ **情境調節變項**

情境調節變項包括部屬努力程度、角色清晰度與工作技能、工作組織、團結性與合作性、資源與支持服務、外在協調。

1. 部屬努力程度：部屬努力達成一高水準的工作績效，同時表現出高度的責任感與承諾工作目標的程度。

2. 角色清晰度與工作技能：部屬瞭解工作職責、內容並有做這些工作之技能的程度。

3. 工作組織：團體運用有效的工作表現策略以達到工作目標，同時將工作組織化，以確保人事、設備與儀器能做有效運用的程度。

4. 合作與團結：團體成員能像團隊一樣，一起和諧地工作、分

享訊息與意念，互相幫助，對團體有強烈的認同感的程度。

5. 資源與支持：團體擁有預算基金、工具、儀器、必需品、人員以及工作必備的設備，和來自其他部門的必要訊息或支援的程度。

6. 外在協調：工作單位的活動與運作方式，與來自同一組織其他部門配合，以避免不必要的延誤、中斷及浪費的程度。

■ **結果變項**

結果變項係指領導者效能。

1. 就短時間而言，當領導者改正中介變項中任何缺失時，單位的績效會提高。

2. 就長期而言，當領導者的行動使情境更有利時，單位績效會提高。

第四節　充實期──魅力型、轉換型、組織文化取向的領導研究

近十餘年來，許多學者致力於領導的整體研究，以前述最富聲望的F. E. Fielder而言，其晚年的研究方向開始轉而注意領導者的認知能力，發展了另一種不同型式情境模式──認知資源論（Fielder, 1986）。其他類型的領導研究相繼出現，諸如魅力領導、轉型領導、文化領導、團體決策領導等，對於領導研究與理論均有

重大貢獻。以下分別加以說明：

一、團體歷程模式

團體歷程模式（group process model）強調領導過程中的溝通和決策歷程，注重領導者與部屬在溝通和決策歷程中的互動，藉以維繫工作取向行為與團體關係的維護，有助於系統性的溝通、評估與對訊息及想法的分析，而能協助問題的解決與決策的進行（Bradford, 1976）。

二、交易型領導模式

交易型領導模式（transactional leadership model）強調主管與部屬之間，連續不斷的利益磋商與交換的歷程。林合懋（民84）根據Bass「Multifactor Leadership Questionnaire」所編製的「交易領導量表」中包括：承諾的後效酬賞、實質的後效酬賞——互惠、實質的後效的酬賞——表揚禮遇、主動的例外管理、被動的例外管理等五個向度，得分愈高代表所描述的主管表現出愈多的交易領導行為。

Bass（1985）指出交易型領導者之特徵：

　1.權宜的獎賞：訂有努力即獎賞的合約，對良好績效予以獎賞，讚賞成就。

2.積極的例外管理：注視、找尋偏離規則和標準的活動，採取修正的措施。

3.消極的例外管理：只有在不符合標準時才介入。

4.放任主義：放棄責任，避免作決策。這一類型的領導者藉由角色的澄清和工作的要求來建立目標之方向，並依此引導或激勵其跟隨者。

三、轉換型領導模式

轉換型領導模式（transformation leadership model）強調領導者的屬性，追求卓越促進革新，並讓組織與成員轉變成功的主管領導行為，及領導價值的附加性，使部屬對於領導者懷有信賴、仰慕、忠誠及尊敬等感覺，同時他們有動機多做一些超出原先預期要做的事。林合懋（民84）根據Bass所編「Multifactor Leadership Questionnaire」所編製「轉型領導量表」中包括：親近融合、遠景與吸引力、承諾與正義、激勵共成遠景、尊重信任、智識啓發、個別關懷等七個向度，得分愈高代表所描述的主管表現出轉換型領導行為愈多。

Bass（1985）指出轉換型領導者之特徵：

1.領袖魅力：提供理想和使命感，灌輸自尊心，獲取尊敬和信任。

2.啓示：溝通高度的期望，用心匯集努力，以簡單的方式表達重要的目標。

3.智力上的激勵：提升智慧、理性和謹慎解決問題的能力。

4.賦予個別的關懷：給予個別的注意，對每個員工個別對待、
　訓練及勸告。

　　且Bass（1985）更進一步指出領導者可藉由下列方式使部屬
轉型成功：

1.使他們對工作結果的價值與重要性更了然於心。

2.誘導他們爲了組織或團隊的緣故，超越自己的權益。

3.激發他們的高層次的需求。此種領導模式注重部屬對領導者
　的心理取向，企求部屬能產生超乎平常表現之績效，影響組
　織成員產生態度上與假設上重大改變，建立對組織使命或目
　標承諾。

四、認知資源模式

　　認知資源模式（cognitive resource model）強調領導者的認
知能力，諸如智力、能力、經驗、動機、團體支持及環境壓力（如
人際壓力、工作壓力）等因素，對團體績效的影響很大（Fielder,
1986）。

五、魅力領導模式

魅力領導模式（charismatic leadership model）強調部屬根據他們對領導者行為的觀察，而將一些特定的魅力特性歸之於領導者身上，例如：

1. 具有在部屬接受緯度內之神秘洞察力。
2. 領導者能自我犧牲、冒個人風險為達到共同信奉的觀點而努力。
3. 領導者能採用不同於流俗的方式達成共識，使部屬對領導者形成非比尋常的印象。
4. 領導者具有評估環境限制的策略與執行這些策略機會的實際技能與專業知識。
5. 領導者能在發生危機時，解除部屬的困境。
6. 領導者提出計畫時，表現出信心十足。
7. 領導者能善用自己的專家權，使領導者的信心與熱誠帶動部屬更努力去執行領導的策略，進而提高了實際成功的可能性（Conger & Kanungo, 1987）。

Conger & Kanungo（1988）又更進一步提出「魅力型領導者的主要特徵：

1. 自信：領導者對自己的判斷力和能力有完全的信心。
2. 遠景：領導者創造一個理想化的目標，使未來比現況更好，

若理想化的目標與現況的差距愈大，跟隨者愈可能將非凡的遠景歸因於領導者。

3.有明白表達該遠景的能力：領導者能澄清該理想，並以他人能懂的字眼說明該理想，這顯示了跟隨者需要瞭解遠景，然後以其為動機。

4.對理想堅信不疑：魅力型領導者被認為為了達成理想目標，領導者會強烈地承諾、願意冒高風險、付出高昂的代價及犧牲自我。

5.行為不落俗套：有領袖氣質會從事一些被認為新奇、非傳統、反對規範的行為，當其成功時，這些行為會引起跟隨者的驚奇與讚嘆。

6.被認為是改革的代理人：魅力型領導者被認為是激進改革的代理人，而非保守的現狀維持者。

7.對環境的敏感性：魅力型領導者能對環境所限制和改革所需要之資源予以實際的評估。

六、組織文化模式

組織文化模式（organizational culture model）認為不同的組織文化，能孕育不同的企業人格。因此，探討組織文化與領導之關係，如組織的基本假定、組織的共同行為模式、組織的象徵性活動與領導者的關係，當可更瞭解組織文化與領導兩者之間的密切交互性（Schein, 1992）。

七、社會交換理論

　　社會交換理論（social exchange process theory）模式認為領導的問題是由情境因素、領導者的特質與期望、跟隨者的特質與期望之間的互動所決定。在此一情境中，很顯然的領導者和跟隨者之間是一種互換的關係，而且是在雙方都認為是公平的情況下進行的（Hollander, 1979）。

八、隱涵領導理論

　　隱涵領導理論（implicit leadership theory）模式認為領導者存在個人心中的非正式的概念，這些概念會影影響一個人對某些事物的知覺及詮釋。其主要研究是探討領導者內心隱涵的領導概念對其評估領導者的領導行為的影響（施妙旻，民84）。

　　Eden & Levitan（1975）以「組織調查問卷」研究二百三十五位大學及研究生的隱涵領導概念，因素分析結果得領導四個因素：(1)支持；(2)促進互動；(3)強調目標；(4)工作促進。並且發現針對同一個假想的領導者，評估者的反應卻大為不同，可見評估者在評估一個領導者的時候，已有自己先入為主的一些假設，或先前概念，而這些概念或假設往往和他們過去的工作經驗、目前工作職務、專業知識、人格特質有很大的關係，這些隱涵的概念使他們對同一位領導者有不同的知覺及評估。

綜觀上述領導理論研究的發展軌跡，可發現領導理論研究雖因發展時日尚短，仍有許多課題值得進一步加以探討。但是研究確已具有相當深厚的理論基礎與具體領導策略訓練措施，其間乃因無數有識之士，投入龐大經費與人力從事各方面的基礎研究，致有此種豐碩的成果。因此，領導研究理論發展歷史軌跡的探究，實值得我們將它作爲探討「教師領導技巧研究」借鑑之處。

教室領導技巧的評鑑與自我檢核

教師在於教室活動中所要注意的事項很多，如何在龐雜的教室活動中理出頭緒把握重點，使得教室裡的各項活動能依教育的原理正常運作，教師就必須講求「教室領導技巧」，才能成為一位有效能的領導者與教學者。但是，教師應具備哪些教室領導技巧？教室領導技巧的內容應包括哪些？教師如何覺察其教室領導技巧的現況？無疑的，建立一個客觀評量的檢核表以作為教師進行自我檢核的參照標準是非常必要的。

　　據此動機及需要，筆者研究發展出一套適切的教師教室領導技巧量表，作為實施國民小學教師班級經營評鑑指標與教師教室領導技巧自我檢核之參考（陳木金，民86）。

第一節　教室領導技巧的向度內容與變項分析

　　施妙旻（民84）研究指出：「領導行為描述問卷」（LBDQ）是目前領導研究使用次數最多的問卷，其理論係依據俄亥俄州立大學所發展領導行為的「倡導」與「關懷」二個層面：

1. 倡導行為：描述領導者組織並確立成員的活動，明確建立其與部屬之關係，界定成員角色、指派工作，擬定計畫，並強調組織目標的達成等行為。
2. 關懷行為：描述領導者與部屬間互信、彼此尊重，建立親密關係，重視成員需求、鼓勵成員參與決定，並重視雙向溝通等行為。

陳慶瑞（民82）研究指出：以領導情境中介變項理論，編製校長領導因素問卷包括三個向度：

1. 認知能力量表：有關校長認知能力包括智力、行政領導能力、溝通能力、訓練經驗、任期經驗。
2. 動機量表：有關校長的動機方面包括成就感、自我實現、意願。
3. 職權量表：有關校長職權包括服從的意願、上級支持的程度、領導者的知識和能力等。

林合懋（民84）研究轉型領導：首先透過開放問卷，蒐集企業界與學校中具有轉型特色的主管、校長，所表現出的領導行為，經內容分析、歸類、編製題目，預試後再經因素分析得到七個因素：

1. 親近融合：包括打成一片、建立親密友善關係、面帶笑容、幽默風趣、放下身段、不擺架子、極具親和力。
2. 遠景與吸引力：包括有教育理念、清楚組織未來方向、強烈的成就動機與方向感、對自己充滿自信、特殊的魅力吸引、賦予使命感。
3. 承諾與正義：包括對工作用心認真、全心投入、為人正派、很講義氣、主持公道或解決難題、遇到狀況不推諉、做事有擔當、有魄力、人品高尚、操守廉潔。
4. 激勵共成願景：包括談及理念與看法共同分享、創造或把握機會、提出名言或座右銘、勉勵見賢思齊更上一層樓、激發團隊意識、提出構想、以身作則。
5. 尊重信任：包括尊重專業自主、充分授權、分層負責、信任

成員、尊重意見、共同討論達成共識、支持團隊活動。

6.知識啟發：包括對問題加以深思熟慮、讓成員學到東西、不
墨守成規、營造有創意的環境、讓成員發揮想像力、主動爭
取或發掘人才、樂於傳授經驗、本身不斷進修、帶動風氣、
激發成員靈感、相互觀摩。

7.個別關懷：包括體諒感知成員心理感受與情緒、熱心幫助成
員解決困難、主動關懷、愛護成員，關心新進同仁的切身問
題，與成員站在同一陣線。

蕭德蘭（民82）譯 R. E. Riggio 之名著《魅力其實很簡單》
(*The Charisma Quotient*) 一書，R. E. Riggio發展了「魅力領
導量表——社交技巧量表」，內容包括：

1.增進情緒表達力：自由抒發情緒，將使我們的言談舉止充滿
生動活潑。

2.發展情緒敏感度：即是解讀他人的非口語訊息的能力。

3.加強情緒控制力：包括抑制突發情緒，以及刻意展現情緒的
能力。

4.增進社交表達力：包括善於向人介紹自己，也懂得開啟話
題，與人談天說地，不論言談的內容為何，總能自然爽朗引
人入勝的陳述己見。

5.發展社交敏感度：在人際互動中體察微妙訊息，及熟知社交
規則的能力。

6.加強社交控制力：包括在各種場合中，皆能應付自如的能
力。

歸納以上研究，教師教室領導技巧可區分為以下六類：(1)情感表達的技巧；(2)敏銳洞察的技巧；(3)情緒控制的技巧；(4)口語溝通的技巧；(5)人際關係的技巧；(6)角色轉換的技巧。以下分別加以說明：

一、「情感表達的技巧」向度

　　在探討領導的過程中，我們發現雖然人類無論背景如何，都經驗著相同的情緒反應，並藉由特定的非語言模式呈現。但各人表達的程度卻大異其趣。那些善於表達感情的人，不但能讓他人對其心底的感受一目瞭然，也能藉著真情流露增添人際交往的樂趣。因此，領導者多半表情豐富、聲調變化有秩、渾身充滿著熱情活力的姿勢與動作、真情流露展現魅力、能吸引周遭的注意力，傳送微妙的訊息。教師在「情感表達的技巧量表」得分較高，代表教師較能吸引學生注意，成為學生注意的焦點，進而藉情感表達技巧感染學生、影響學生，藉著鼓勵或讚美的言詞，使學生學習更賣力，使疲憊不堪的學生能重振精神，以及為更好的學習成就付出更多的努力與時間。

二、「敏銳洞察的技巧」向度

　　有領導技巧的教師總能真情流露的與學生交談，言語中充滿著生機與活力，並能敏銳地洞悉學生情緒的敏感度，瞭解學生經由非

口語行為所傳達的訊息,從而與學生建立起情感的交流與有效的溝通。真正具有領導技巧的教師,不但是一位絕佳的情感表達者,同時也是個體貼的訊息接收人,他能將敏銳洞察的技巧運用自如,掌握著學生在無言中所流露的訊息,從而與學生建立起深厚的情感交流。教師在「敏銳洞察的技巧量表」得分較高,代表教師較能付出徹底的注意力,是一位絕佳的聽眾,能完全投入、傾身向前,眼神中透露著對學生無比的關切,能體察解讀學生的情緒,激勵學生向上努力的動機。

三、「情緒控制的技巧」向度

感情表達是形成教師領導技巧的重要基礎,但若缺乏控制情緒的能力,則後果亦不堪設想。許多生性情緒化的人,雖易於表露感情,活得似乎生氣盎然,但卻因缺乏能力去調節過激或不合時宜的情緒,時常釀災惹禍,令他人避之惟恐不及。因此,若想成為深具領導技巧的教師,必須適度控制情緒的外在表現。教師在「情緒控制的技巧量表」得分較高,代表教師較能在面對真實的感受不合適在當時情境中展現時,適度將情緒轉化成為易為人接受的方式,是成熟應變之道。深具領導技巧的教師應擁有這種能力,即使在感到生氣、傷心或憂慮的時刻,仍能控制內在情緒的教師,總能以平和及鼓舞學生的神情面對困境。

四、「口語溝通的技巧」向度

口語溝通的技巧是教師最重要領導技巧，因為有效能領導技巧的教師，在於他有能力運用簡潔誠懇的語言對學生發表演說與交談，克服自己的各項弱點，增強與學生溝通的能力，必定能拓展領導技巧。教師在「口語溝通的技巧量表」得分較高，代表教師他的聲調溫和平易，即便面對衆多學生演說也能侃侃而談，無論說什麼都是那麼清楚扼要，切入重點，總是用簡單的話陳述簡單的道理，引發學生入神傾聽。

五、「人際關係的技巧」向度

人際認知的技巧也是教師重要領導技巧之一，因為有效能領導技巧的教師，無論身處何地，都應該學習以易於讓社會接受的方式與人相處。即使是原始社會，也都有一些既定的人際規則可循，其中一些規矩甚至與文明社會中的繁文縟節相去無幾。因此，教師必須多瞭解社交基本模式，總會讓生活過得更得心應手。教師在「人際關係的技巧量表」得分較高，代表教師他對於人際規則的認知深刻，易於察覺日常生活中人際往來的微妙互動關係，善於觀察且樂意傾聽，四方資訊總源源不斷，並懂得在不同的場合表現出適當的行爲，從觀察學生在舉手投足中所透露的訊息，敏銳地解析人際的現象。

六、「角色轉換的技巧」向度

角色轉換的技巧也是教師重要領導技巧之一，因為有效能領導技巧的教師，在人與人的互動過程中，能由他人的反應裡找到對應的模式，以及往後依循的方向，適情適所的人生演出。教師在「角色轉換的技巧量表」得分較高，代表教師他擅長在生活中扮演不定角色，以適應不同狀況，並隨時能調整自己的行為，以符合當時情境的需求。擁有良好角色轉換技巧的教師，能在各種不定的教室情境場合應對得體，並能表現出自信的風采。

第二節　教室領導技巧量表內容的建構

以實證研究探討教室領導技巧量表的內容，其旨在根據文獻分析之教師教室領導技巧之六向度：(1)情感表達的技巧；(2)敏銳洞察的技巧；(3)情緒控制的技巧；(4)口語溝通的技巧；(5)人際關係的技巧；(6)角色轉換的技巧，分別從文獻理論基礎分析、教室觀察、教師晤談結果，從六個向度個別的理論基礎，來建構六個向度的評量指標與變項，作為教師進行有效教室領導之參考。

因為各向度之評量指標與變項的發展，係根據各自獨立的理論基礎加以建構與分析。因此本研究擬採用六向度個別的方式，進行因素分析、相關分析、項目分析、信度分析，然後再以驗證性因素

分析作整體的分析，探討「教師教室領導技巧總量表與六向度之測量模式」的適配情形，以瞭解這些向度測量教室領導技巧總量表之適切性。最後根據分析結果，編製教師教室領導技巧量表，作爲建立我國國民小學教師班級經營評鑑指標與教室領導技巧自我檢核之參考。

一、「教室領導技巧量表」的研究架構

根據文獻分析之教室領導技巧的六個向度：(1)情感表達的技巧；(2)敏銳洞察的技巧；(3)情緒控制的技巧；(4)口語溝通的技巧；(5)人際關係的技巧；(6)角色轉換的技巧。探討分析「教室領導技巧」向度與變項，建構教師教室領導技巧量表架構圖，詳見於**圖4-1**，進行編製「教室領導技巧量表」。

二、「教室領導技巧量表」的研究工具內容

■ 量表架構

本量表架構係以組織領導學者G. Yukl 於1994年在《組織領導》（*Leadership In Organization*）一書之觀點爲主要依據。其認爲領導是一種影響部屬活動的歷程，它包括團體或組織目標的選擇、完成既定目標的工作活動組織、激勵部屬達成目標的動機、維持團隊與合作關係，及爭取外部團體或組織的支持與合作。因此，

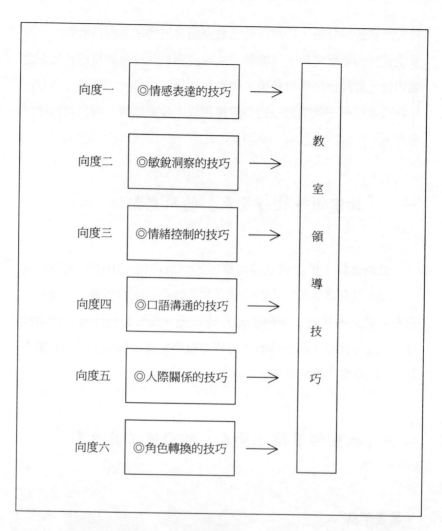

圖 4-1　教師教室領導技巧量表架構圖

領導者必須具備高度的領導技巧才能產出高度的領導效能，如高度自信、有活力、情緒成熟、壓力容忍度、管理動機、專業技巧、概念技巧、人際關係技巧及特殊技巧（如分析能力、說服力、說話能力、對細節的記憶、同理心、機智、有魅力），都是領導者必備的技巧（Yukl, 1994），為發展本研究問卷架構之主要依據。其次參考領導研究學者觀點及其他領導測量問卷架構，如Fiedler（1976）的權變領導理論；Hemplill & Coons（1957）的領導效能理論；Hosking（1988）的領導者的角色期望；Jacobs（1970）的領導互動理論；Jacobs & Jaques（1990）有效領導者的測量；Janda（1960）人際關係的領導理論；Katz & Kahn（1978）、Kochan, Schmidt & DeCotiis（1975）的人際時期關係的領導理論；Lipham（1964）的領導行為理論；Rauch & Behling（1984）的領導功能研究；Robbins（1992）的組織領導的研究；Stogdill（1974）的領導的理論與研究；Tannenbom, Massarik & Weschler（1961）組織領導研究；林邦傑（民82）的如何培養領導力；吳清山（民80）的學校領導研究；吳秉恩（民75）的組織領導研究；陳彰儀（民84）的組織心理學研究；黃昆輝（民77）教育行政領導研究；曾仕強、劉君政（民78）圓通的領導研究；張潤書（民79）的行政領導研究；蔡培村（民74）的領導特質研究；劉興漢（民74）的領導理論研究；謝文全（民74）行政領導研究；蕭德蘭（民82）的魅力領導研究等觀點。

歸納其內容向度包括：

1. 情感表達的技巧：係指教師之肢體語言豐富、聲調變化有秩、動作態度有勁，能展現魅力流露真情，吸引學生的注意。

2. 敏銳洞察的技巧：係指教師能在最短時間內，從學生的眼神、動作、姿勢、言談、作業等，解讀出學生的情緒，並能感同身受。

3. 情緒控制的技巧：係指教師能夠面對自己真實的感受，即使在感到生氣、傷心或憂慮的時刻，仍能控制內在情緒，以平和及鼓舞的神情面對情境。

4. 口語溝通的技巧：係指教師與學生溝通時，能掌握重點口齒清晰，措辭達意，清楚扼要的表達，容易切入話題，善用澄清、重述等技巧，即使面對眾多學生的表達，也能侃侃而談。

5. 人際關係的技巧：係指教師對於人際規則的認知深刻，易於察覺人際往來的互動關係，善於觀察且樂意傾聽，能敏銳解析人際現象，表現出適當的社交行為。

6. 角色轉換的技巧：係指教師在教室與生活中，能扮演好各種不同角色，以適應不同狀況，並隨時能調整自己的行為，以符合當時情境的需求等。

上述六個層面，為本研究量表編製之主要架構。

■ **編製研究量表內容**

基於上述的量表架構，依據理論基礎、相關研究與學校特性，著手編製，形成研究量表的初稿。依此訪問視導督學、現任中小學校長、教師兼主任、教師兼組長、科（專）任教師、級任教師（導師）等，集思廣益，以研修語句、探究語意及發現相關問題。

修正後，經由多次與學者專家研討、修改後、再商請現任中小學教師試測，期能語意清晰、語句順暢。經多次修改後，修正成「教

師教室領導技巧量表向度及內容表」，包括：(1)情感表達的技巧十題；(2)敏銳洞察的技巧十題；(3)情緒控制的技巧十題；(4)口語溝通的技巧十題；(5)人際關係的技巧十題；(6)角色轉換的技巧十題，共計六十題，並以此組合成研究問卷。見**表4-1**。

■ **量表填答與計分**

1. 專家調查問卷：本調查問卷係採「適合」、「修正後適合」、「不適合」的選擇式量表，懇請專家學者撥冗填答「專家意見調查」，針對本研究問卷之代表性及意義性加以鑑定，提供寶貴意見，作為形成專家內容效度並修訂研究問卷。

2. 預試問卷與正式問卷：本研究問卷係採李克特式（Likert-type）的五點式量表，根據受試者的實際觀察與感受的符合程度填答，受試者從完全符合到完全不符合的5-4-3-2-1中，在適當的數字上打「○」，計分方式係按5分、4分、3分、2分、1分，各項分別計分，最後計算各向度領導技巧及總量表的得分，得分愈高代表教師教室領導技巧愈好。

三、統計分析方法

■ **次數分配與百分比**

分析專家意見調查問卷的內容效度。

表 4-1　教師教室領導技巧量表向度及內容

---

(1)情感表達的技巧：係指教師之肢體語言豐富、聲調變化有秩、動作態度有
　　勁，能展現魅力流露真情，吸引學生的注意。

1.我能運用眼神控制學生、表達指示。
2.我經常在教室裡面對學生開懷大笑。
3.當我沮喪的時候，我的學生們也會隨之情緒低落。
4.我能運用動作，指示學生表達情感。
5.我的學生極容易察覺出我對他們的憤怒或不滿。
6.我能以不同聲調變化方式，來傳達不同的訊息。
7.我會運用各種手勢，來表達各種意見。
8.當我快樂時，我的學生也隨著我充滿愉悅的活力。
9.我能完全地吸引著學生的注意力。
10.學生們常說我是個表情豐富的老師。

---

(2)敏銳洞察的技巧：係指教師能在最短時間內，從學生的眼神、動作、姿勢、
　　言談、作業等，解讀出學生的情緒，並能感同身受。

11.置身於教室情境，我能迅速覺察學生是否對我有好感。
12.學生幾乎不可能對我隱瞞他們真實的感受。
13.當我遇到學生悲傷時，我會傷心落淚。
14.當學生心情不好時，總會找我替他們排憂解愁。
15.學生們常說我是個善體人意的老師。
16.我能很快從學生的臉部表情讀出他們的感受。
17.我能全神貫注地觀察學生的反應。
18.我能專注地傾聽學生的意見表達。
19.我可以從學生的作品、作業中，瞭解學生的學習狀態。
20.學生們常說我是個能瞭解他們想法的老師。

（續）表 4-1　教師教室領導技巧量表向度及內容

---

(3)情緒控制的技巧：係指教師能夠面對自己真實的感受，即使在感到生氣、傷心或憂慮的時刻，仍能控制內在情緒，以平和及鼓舞的神情面對情境。

21.我能在任何學生面前，隱藏心底真實的感受。

22.不論學生們如何起哄，我都能保持鎮定繼續教學。

23.即使我心中不太高興，我仍能平穩的進行教學。

24.即使我內心充滿焦慮，我仍能從容地進行教學。

25.教室裡突發的狀況，不會影響到我上課的情緒。

26.我能在斥責學生之後，馬上心平氣和繼續進行教學。

27.我能以不讓學生感到厭煩的方式，傳達拒絕的訊息。

28.即使我感到傷心，我仍能以鼓舞神情激勵學生。

29.即使我感到生氣，我仍能以平和語氣面對學生。

30.學生們常說我是個脾氣平和的老師。

---

(4)口語溝通的技巧：係指教師與學生溝通時，能掌握重點口齒清晰，措辭達意，清楚扼要的表達，容易切入話題，善用澄清、重述等技巧，即使面對眾多學生的表達，也能侃侃而談。

31.我能用學生習慣的方式，和他們交談。

32.在言談時，我常會使用許多手勢協助表達。

33.我會主動自我介紹，樂於認識新的學生。

34.我會使用學生能接受的方式說服他們。

35.我能與學生們暢談任何問題。

36.我會使用正反兩面的資訊去說服學生。

37.無論說什麼，我總能清楚扼要地切入重點。

38.我能用簡單的話陳述道理，使學生專心聆聽。

39.即使面對眾多的學生，我也能侃侃而談。

40.學生們常說我是個能言善道的老師。

（續）表 4-1　教師教室領導技巧量表向度及內容

(5)人際關係的技巧：係指教師對於人際規則的認知深刻，易於察覺人際往來的互動關係，善於觀察且樂意傾聽，能敏銳解析人際現象，表現出適當的社交行為。
41.我會依不同的教室情境，表現適當的言行舉止。 42.即使是面對學生，我仍然強調禮貌的重要性。 43.我很在意學生們是否喜歡我。 44.我常留意學生對我印象的好壞。 45.我很在乎學生們對我的評價。 46.我能很快察覺學生人際往來的互動關係。 47.我很強調學生們相互尊重的人際規則。 48.我能利用觀察傾聽方法，獲得學生互動的資訊。 49.我能從學生的舉手投足，解析學生的人際現象。 50.學生們常說我是個親切隨和的老師。
(6)角色轉換的技巧：係指教師在教室與生活中，能扮演好各種不同角色，以適應不同狀況，並隨時能調整自己的行為，以符合當時情境的需求。
51.校外教學時，我能與學生打成一片。 52.小組討論時，我善於引導學生發言。 53.分組活動時，我能成為學生的最佳協助者。 54.無論何種教室情境，我都能很快融入其中。 55.我經常被學生要求成為班級的代言人。 56.教學進行中，我能嚴肅地要求學生確實遵守班規。 57.我能以親切的態度傳達對學生的關心。 58.我樂於和學生分享我的人生經驗。 59.我有自信把課教好。 60.學生們常說我是個多才多藝的老師。

■ 因素分析

以「教師教室領導技巧量表」各向度之預試問卷施測結果，進行因素分析，找出各向度題目之因素負荷量，藉以挑選適當之題目作為正式問卷題目。

■ 積差相關分析

以「教師教室領導技巧調查問卷」預試問卷施測結果，分別以各題與向度及總量表、各向度與向度及總量表之間進行皮爾森積差相關，探討其彼此間之相關程度，瞭解研究問卷之試題結構及進行挑選適當之題目作為正式問卷題目。

■ 項目分析與信度分析

以「教師教室領導技巧調查問卷」預試問卷施測結果，進行各向度、總量表之內部一致性分析，求出Cronbachα係數以瞭解研究問卷之內部一致性，並且探討各題之校正後總相關及刪題後之α係數，瞭解研究問卷之信度及進行挑選適當之題目作為正式問卷題目。

■ 驗證性因素分析

以LISREL線性結構相關分析程式，驗證本研究所建構以「情感表達技巧」、「敏銳洞察技巧」、「情緒控制技巧」、「口語溝通技巧」、「人際關係技巧」、「角色轉換技巧」六向度測量「教師教室領導技巧量表」之模式的TCD、GFI、AGFI，求出本研究教師教室領導技巧總量表與六向度之測量模式之適配度，以瞭解量表

之建構情形如何。

第三節　教室領導技巧量表內容的分析

　　筆者根據文獻分析之教室領導技巧的六個向度與變項，編製
「教師教室領導技巧專家意見調查問卷」進行研究，之後再根據專
家意見調查結果編製預試問卷，以建構「教室領導技巧」評鑑指
標。以下分別從：(1)專家意見調查分析；(2)預試問卷編製施測與分
析；(3)驗證性因素分析；(4)挑選正式問卷題目；(5)編製正式問卷加
以探討。

一、專家意見調查分析

　　研究問卷編製完成後，先進行專家意見調查。經推介函請二十
五位「班級經營」、「教學原理」、「教師輔導」、「教學研究」、
「教育實習」、「教育評鑑」、「領導心理」、「學校經營」、「教
師心理」、「國小教育」、「研究方法」、「社會心理」的專家學
者撥冗填答「專家意見調查」，針對本研究問卷之代表性及意義性
加以鑑定，提供寶貴意見，作爲形成專家內容效度、修訂問卷的重
要參考。

　　專家意見調查問卷回收後，根據其所提供之修正意見與勾選的
資料，隨後進行統計分析，並逐題從語句文字方面作試題之分析，

作為本研究之語詞修正參考。

　　根據次數分配與百分比分析的結果，並考慮各向度題數之相等。因此，以各向度「適合度」選項最低兩題予以刪除，各向度的題目保持八題，並參考學者專家之「修正後適合」的意見，修正成為本研究之「預試問卷」，進行施測。

二、預試問卷編製施測與分析

■ 編製預試問卷

　　經過「專家內容效度」考驗後，在「教師教室領導技巧專家問卷向度及內容」：

　　1.情感表達的技巧：刪除第 1 、 3 題，保留八題。
　　2.敏銳洞察的技巧：刪除第12、13題，保留八題。
　　3.情緒控制的技巧：刪除第21、30題，保留八題。
　　4.口語溝通的技巧：刪除第33、39題，保留八題。
　　5.人際關係的技巧：刪除第42、43題，保留八題。
　　6.角色轉換的技巧：刪除第55、60題，保留八題。

　　本研究預試問卷共計選取四十八題，經語句修正後，編製成預試問卷，詳見於**表4-2**。

■ 預試問卷編製施測與分析

　　本研究以分層隨機抽樣、簡單隨機抽樣，抽得預試樣本共二十

表 4-2　教師教室領導技巧量表預試問卷

【說明】下列敘述是為了瞭解您在教室領導的狀況，請根據您在教室的實際情況的符合程度，在 5 - 4 - 3 - 2 - 1 的適當數字上打「〇」。

	完全符合	大部分符合	部分符合	大部分不符合	完全不符合
1.我經常在教室裡面對學生開懷大笑	5	4	3	2	1
2.我能運用動作，指示學生表達情感	5	4	3	2	1
3.我的學生極容易察覺出我對他們的憤怒或不滿	5	4	3	2	1
4.我能以不同聲調變化方式，來傳達不同的訊息	5	4	3	2	1
5.我會運用各種手勢，來表達各種意見	5	4	3	2	1
6.當我快樂時，我的學生也隨著我充滿愉悅的活力	5	4	3	2	1
7.我能完全地吸引著學生的注意力	5	4	3	2	1
8.學生們常說我是個表情豐富的老師	5	4	3	2	1
9.置身於教室情境，我能迅速覺察學生是否對我有好感	5	4	3	2	1
10.當學生心情不好時，總會找我替他們排憂解愁	5	4	3	2	1
11.學生們常說我是個善體人意的老師	5	4	3	2	1
12.我能很快從學生的臉部表情讀出他們的感受	5	4	3	2	1
13.我能全神貫注地觀察學生的反應	5	4	3	2	1
14.我能專注地傾聽學生的意見表達	5	4	3	2	1
15.我可以從學生的作品、作業中，瞭解學生的學習狀態	5	4	3	2	1
16.學生們常說我是個能瞭解他們想法的老師	5	4	3	2	1
17.不論學生們如何起哄，我都能保持鎮定繼續教學	5	4	3	2	1
18.即使我心中不太高興，我仍能平穩的進行教學	5	4	3	2	1
19.即使我內心充滿焦慮，我仍能從容地進行教學	5	4	3	2	1
20.教室裡突發的狀況，不會影響到我上課的情緒	5	4	3	2	1
21.我能在斥責學生之後，馬上心平氣和繼續進行教學	5	4	3	2	1
22.我能以不讓學生感到厭煩的方式，傳達拒絕的訊息	5	4	3	2	1
23.即使我感到傷心，我仍能以鼓舞神情激勵學生	5	4	3	2	1
24.即使我感到生氣，我仍能以平和語氣面對學生	5	4	3	2	1

【說明】下列敘述是爲了瞭解您在教室領導的狀況，請根據您在教室的實際情況的符合程度，在 5 - 4 - 3 - 2 - 1 的適當數字上打「○」。

	完全符合	大部分符合	部分符合	大部分不符合	完全不符合
25.我能用學生習慣的方式，和他們交談…………………………	5 -	4 -	3 -	2 -	1
26.在言談時，我常會使用許多手勢協助表達…………………	5 -	4 -	3 -	2 -	1
27.我會使用學生能接受的方式說服他們………………………	5 -	4 -	3 -	2 -	1
28.我能與學生們暢談任何問題…………………………………	5 -	4 -	3 -	2 -	1
29.我會使用正反兩面的資訊去說服學生………………………	5 -	4 -	3 -	2 -	1
30.無論說什麼，我總能清楚扼要地切入重點…………………	5 -	4 -	3 -	2 -	1
31.我能用簡單的話陳述道理，使學生專心聆聽………………	5 -	4 -	3 -	2 -	1
32.學生們常說我是個能言善道的老師…………………………	5 -	4 -	3 -	2 -	1
33.我會依不同的教室情境，表現適當的言行舉止……………	5 -	4 -	3 -	2 -	1
34.我常留意學生對我印象的好壞………………………………	5 -	4 -	3 -	2 -	1
35.我很在乎學生們對我的評價…………………………………	5 -	4 -	3 -	2 -	1
36.我能很快察覺學生人際往來的互動關係……………………	5 -	4 -	3 -	2 -	1
37.我很強調學生們相互尊重的人際規則………………………	5 -	4 -	3 -	2 -	1
38.我能利用觀察傾聽方法，獲得學生互動的資訊……………	5 -	4 -	3 -	2 -	1
39.我能從學生的舉手投足，解析學生的人際現象……………	5 -	4 -	3 -	2 -	1
40.學生們常說我是個親切隨和的老師…………………………	5 -	4 -	3 -	2 -	1
41.校外教學時，我能與學生打成一片…………………………	5 -	4 -	3 -	2 -	1
42.小組討論時，我善於引導學生發言…………………………	5 -	4 -	3 -	2 -	1
43.分組活動時，我能成爲學生的最佳協助者…………………	5 -	4 -	3 -	2 -	1
44.無論何種教室情境，我都能很快融入其中…………………	5 -	4 -	3 -	2 -	1
45.教學進行中，我能嚴肅地要求學生確實遵守班規…………	5 -	4 -	3 -	2 -	1
46.我能以親切的態度傳達對學生的關心………………………	5 -	4 -	3 -	2 -	1
47.我樂於和學生分享我的人生經驗……………………………	5 -	4 -	3 -	2 -	1
48.我有自信把課教好……………………………………………	5 -	4 -	3 -	2 -	1

四所學校二百四十位教師進行預試。問卷回收二百二十八份，剔除收回樣本資料填答不全者，合計有效樣本為二百二十八份，回收率為95.0%，可用率為95.0%。

回收預試問卷後，隨即進行資料處理與統計分析，以考驗研究的信度與效度。預試問卷之(1)各向度與總量表之內在相關；(2)因素分析；(3)各題與各向度及總量表之內在相關；(4)信度分析。其所得結果如下所述。

各向度與總量表之內在相關

考驗「教師教室領導技巧預試問卷」的內在結構相關發現：各向度與總量表內在相關皆達顯著水準，其相關程度分別為.7801、.8818、.7215、.9148、.8541、.8772。可見本量表之內在結構良好。

因素分析

在教師教室領導技巧調查問卷上，以二百二十八位國小教師為受試者，其在於教師教室領導技巧調查問卷各向度題目的反應，採用主成分分析 (principal component analysis) 因素，以eigenvalue值大於 1 者為選入因素參考標準。其因素分析之結果如下所述（如**表4-3**）：

在「教師教室領導技巧預試問卷各向度及內容」：

1. 情感表達的技巧：因素分析後抽取一個因素，其eigenvalue值為3.78，可解釋情感表達技巧量表47.2%，因素負荷量從.4746～.7871，其中以第 1 、 3 題最低。

2. 敏銳洞察的技巧：因素分析後抽取一個因素，其eigenvalue值為4.03，可解釋敏銳洞察技巧量表50.3%，因素負荷量從

表 4-3 「教師領導技巧量表預試問卷」因素分析摘要表

向度	題次內容	因素負荷量	共同性 h^2
(1) 情 感 表 達 的 技 巧	1.我經常在教室裡面對學生開懷大笑。	.4746	.2253
	2.我能運用動作，指示學生表達情感。	.7237	.5238
	3.我的學生極容易察覺出我對他們的憤怒或不滿。	.6000	.3595
	4.我能以不同聲調變化方式，來傳達不同的訊息。	.7871	.6195
	5.我會運用各種手勢，來表達各種意見。	.7517	.5651
	6.當我快樂時，我的學生也隨著我充滿愉悅的活力。	.6855	.4700
	7.我能完全地吸引著學生的注意力。	.6801	.4626
	8.學生們常說我是個表情豐富的老師。	.7446	.5545
(2) 敏 銳 洞 察 的 技 巧	9.置身於教室情境，我能迅速覺察學生是否對我有好感。	.6839	.5385
	10.當學生心情不好時，總會找我替他們排憂解愁。	.6654	.7015
	11.學生們常說我是個善體人意的老師。	.7642	.8313
	12.我能很快從學生的臉部表情讀出他們的感受。	.6687	.5794
	13.我能全神貫注地觀察學生的反應。	.7702	.6900
	14.我能專注地傾聽學生的意見表達。	.6771	.4639
	15.我可以從學生的作品、作業中，瞭解學生的學習狀態。	.6726	.6319
	16.學生們常說我是個能瞭解他們想法的老師。	.7629	.7179
(3) 情 緒 控 制 的 技 巧	17.不論學生們如何起哄，我都能保持鎮定繼續教學。	.4649	.7343
	18.即使我心中不太高興，我仍能平穩的進行教學。	.8141	.6936
	19.即使我內心充滿焦慮，我仍能從容地進行教學。	.8282	.7201
	20.教室裡突發的狀況，不會影響到我上課的情緒。	.7648	.6964
	21.我能在斥責學生之後，馬上心平氣和繼續進行教學。	.7932	.6560
	22.我能以不讓學生感到厭煩的方式，傳達拒絕的訊息。	.6601	.6304
	23.即使我感到傷心，我仍能以鼓舞神情激勵學生。	.7828	.7541
	24.即使我感到生氣，我仍能以平和語氣面對學生。	.7971	.6813

（續）表 4-3 「教師領導技巧量表預試問卷」因素分析摘要表

向度	題次內容	因　素負荷量	共同性 h^2
(4) 口 語 溝 通 的 技 巧	25.我能用學生習慣的方式，和他們交談。	.7906	.6251
	26.在言談時，我常會使用許多手勢協助表達。	.7633	.5826
	27.我會使用學生能接受的方式說服他們。	.8039	.6463
	28.我能與學生們暢談任何問題。	.7528	.5667
	29.我會使用正反兩面的資訊去說服學生。	.7470	.5580
	30.無論說什麼，我總能清楚扼要地切入重點。	.7668	.5880
	31.我能用簡單的話陳述道理，使學生專心聆聽。	.8147	.6637
	32.學生們常說我是個能言善道的老師。	.7404	.5482
(5) 人 際 關 係 的 技 巧	33.我會依不同的教室情境，表現適當的言行舉止。	.7176	.5963
	34.我常留意學生對我印象的好壞。	.7413	.8927
	35.我很在乎學生們對我的評價。	.7048	.9008
	36.我能很快察覺學生人際往來的互動關係。	.7788	.6108
	37.我很強調學生們相互尊重的人際規則。	.7288	.5605
	38.我能利用觀察傾聽方法，獲得學生互動的資訊。	.8231	.7240
	39.我能從學生的舉手投足，解析學生的人際現象。	.7652	.6537
	40.學生們常說我是個親切隨和的老師。	.7119	.5373
(6) 角 色 轉 換 的 技 巧	41.校外教學時，我能與學生打成一片。	.7292	.5318
	42.小組討論時，我善於引導學生發言。	.8208	.6738
	43.分組活動時，我能成為學生的最佳協助者。	.8358	.6986
	44.無論何種教室情境，我都能很快融入其中。	.8031	.6450
	45.教學進行中，我能嚴肅地要求學生確實遵守班規。	.6528	.4261
	46.我能以親切的態度傳達對學生的關心。	.7448	.5548
	47.我樂於和學生分享我的人生經驗。	.8053	.6485
	48.我有自信把課教好。	.7478	.5591

.6654～.7702，其中以第10、12題最低。

3. 情緒控制的技巧：因素分析後抽取一個因素，eigenvalue值為4.46，可解釋情緒控制技巧量表55.8%，因素負荷量從.4649～.8282，其中以第17、22題最低。

4. 口語溝通的技巧：因素分析後抽取一個因素，其eigenvalue值為4.78，可解釋口語溝通技巧量表59.7%，因素負荷量從.7402～.8147，其中以第29、32題最低。

5. 人際關係的技巧：經因素分析後抽取一個因素，其eigenvalue值為4.47，可解釋人際關係技巧量表55.9%，因素負荷量從.7048～.8231，其中以第35、40題最低。

6. 角色轉換的技巧：因素分析後抽取一個因素，其eigenvalue值4.74，可解釋角色轉換技巧量表59.2%，因素負荷量從.6528～.8358，其中以第41、45題最低。

各題與各向度及總量表之內在相關

因素分析後，另以預試問卷結果進行相關分析，考驗各題與各向度及總量表之內在相關，作為正式問卷選題之依據。

在「教師教室領導技巧預試問卷向度及內容」方面相關程度（如**表4-4**）：

1. 情感表達的技巧：第1、2、3、4、5、6、7、8題，與「情感表達的技巧分量表」之相關程度均達.01顯著水準，相關程度從.5735～.7600；各題與「教室領導技巧總量表」之相關程度均達.01顯著水準，相關程度從.3210～.6445，其中以第1、3題相關程度最低。

表 4-4　「教師領導技巧量表預試問卷」題目與各向度及總量表之相關

題號	(1)情感表達技巧	(2)敏銳洞察技巧	(3)情緒控制技巧	(4)口語溝通技巧	(5)人際關係技巧	(6)角色轉換技巧	總量表
1.	.5735						.3210
2.	.7055						.6187
3.	.6191						.3850
4.	.7446						.5972
5.	.7223						.5756
6.	.6732						.5308
7.	.6463						.6368
8.	.7600						.6445
9.		.6701					.6128
10.		.7079					.5974
11.		.7906					.6660
12.		.6506					.5545
13.		.7438					.6762
14.		.6690					.6185
15.		.6412					.5948
16.		.7765					.6829
17.			.5605				.3011
18.			.7961				.5140
19.			.8088				.5527
20.			.7888				.4772
21.			.7710				.5646
22.			.6484				.6951
23.			.7579				.6223
24.			.7759				.5901

（續）表 4-4　「教師領導技巧量表預試問卷」題目與各向度及總量表
之相關

題號	(1)情感表達技巧	(2)敏銳洞察技巧	(3)情緒控制技巧	(4)口語溝通技巧	(5)人際關係技巧	(6)角色轉換技巧	總量表
25.				.7837			.7269
26.				.7665			.7124
27.				.7969			.7392
28.				.7538			.6909
29.				.7442			.6571
30.				.7664			.6777
31.				.8106			.7344
32.				.7536			.7088
33.					.7130		.6639
34.					.7610		.5500
35.					.7327		.5204
36.					.7723		.6828
37.					.7154		.5965
38.					.8046		.7233
39.					.7470		.6705
40.					.7219		.7108
41.						.7327	.6450
42.						.8219	.7318
43.						.8346	.7101
44.						.8025	.7486
45.						.6607	.5444
46.						.7415	.6644
47.						.8004	.6958
48.						.7462	.6429

2. 敏銳洞察的技巧：第9、10、11、12、13、14、15、16題，與「敏銳洞察的技巧分量表」之相關程度均達.01顯著水準，相關程度從.6412～.7765；各題與「教室領導技巧總量表」之相關程度均達.01顯著水準，相關程度從.5545～.6829，其中以第12、15題相關程度最低。

3. 情緒控制的技巧：第17、18、19、20、21、22、23、24題，與「情緒控制的技巧分量表」之相關程度均達.01顯著水準，相關程度從.5605～.8088；各題與「教室領導技巧總量表」之相關程度均達.01顯著水準，其相關的程度從.3011～.6951，其中以第17、22題相關程度最低。

4. 口語溝通的技巧：第25、26、27、28、29、30、31、32題，與「口語溝通的技巧分量表」之相關程度均達.01顯著水準，相關程度從.7442～.8106；各題與「教室領導技巧總量表」相關程度均達.01顯著水準，相關程度從.6571～.7392，其中以第29、32題相關程度最低。

5. 人際關係的技巧：第33、34、35、36、37、38、39、40題，與「人際關係的技巧分量表」之相關程度均達.01顯著水準，相關程度從.7130～.8046；各題與「教室領導技巧總量表」相關程度均達.01顯著水準，相關程度從.5204～.7233，其中以第33、37題相關程度最低。

6. 角色轉換的技巧：第41、42、43、44、45、46、47、48題，與「角色轉換的技巧分量表」之相關程度均達.01顯著水準，相關程度從.6607～.8346；各題與「教室領導技巧總量表」之相關程度均達.01顯著水準，相關程度從.5444～.7486，其中以第41、45題相關程度最低。

項目分析與信度分析

在教師教室領導技巧調查問卷上，以二百二十八位國小教師為受試者，其在於教師教室領導技巧調查問卷各向度題目的反應，採用信度分析（reliability analysis）考驗「國民小學教室領導技巧預試問卷」各向度與總量表的內部一致性：發現「總量表」之Cronbachα係數高達.9661，各向度Cronbachα係數達.8360、.8581、.8817、.9035、.8865、.9005，顯示本量表之總量表及各向度內部一致性高，信度佳。另為瞭解每題之「校正後項目整體相關」及「單題刪除後α係數減低情形」，以作為編製正式問卷選題之依據。本研究之信度分析情形結果如下所述：

在「教師教室領導技巧預試問卷各向度及內容」分析（如**表4-5**）：

1. 情感表達的技巧：信度分析後Cronbachα係數達.8252，單題之「校正後項目整體相關」情形，從.3817～.6580，其中以第1、3題最低。

2. 敏銳洞察的技巧：信度分析後Cronbachα係數.8581，單題之「校正後項目整體相關」情形，從.5437～.6916，其中以第12、15題最低。

3. 情緒控制的技巧：經信度分析後Cronbachα係數達.8817，單題之「校正後項目整體相關」情形，從.3797～.7444，其中以第17、22題最低。

4. 口語溝通的技巧：信度分析後Cronbachα係數達.9035，單題之「校正後項目整體相關」情形，從.6561～.7435，其中以第29、32題最低。

表 4-5　「教師教室領導技巧預試問卷」之信度分析摘要表

向度	題次內容	校正後總相關	刪題後 α 係數
(1) 情 感 表 達 的 技 巧	1.我經常在教室裡面對學生開懷大笑。	.3817	.8361
	2.我能運用動作，指示學生表達情感。	.5997	.7985
	3.我的學生極容易察覺出我對他們的憤怒或不滿。	.4789	.8145
	4.我能以不同聲調變化方式，來傳達不同的訊息。	.6580	.7927
	5.我會運用各種手勢，來表達各種意見。	.6158	.7959
	6.當我快樂時，我的學生也隨著我充滿愉悅的活力。	.5654	.8034
	7.我能完全地吸引著學生的注意力。	.5474	.8071
	8.學生們常說我是個表情豐富的老師。	.6406	.7913
(2) 敏 銳 洞 察 的 技 巧	9.置身於教室情境，我能迅速覺察學生是否對我有好感。	.5675	.8410
	10.當學生心情不好時，總會找我替他們排憂解愁。	.5698	.8438
	11.學生們常說我是個善體人意的老師。	.6916	.8253
	12.我能很快從學生的臉部表情讀出他們的感受。	.5437	.8434
	13.我能全神貫注地觀察學生的反應。	.6569	.8313
	14.我能專注地傾聽學生的意見表達。	.5615	.8414
	15.我可以從學生的作品、作業中，瞭解學生的學習狀態。	.5464	.8439
	16.學生們常說我是個能瞭解他們想法的老師。	.6760	.8274
(3) 情 緒 控 制 的 技 巧	17.不論學生們如何起哄，我都能保持鎮定繼續教學。	.3797	.8923
	18.即使我心中不太高興，我仍能平穩的進行教學。	.7265	.8467
	19.即使我內心充滿焦慮，我仍能從容地進行教學。	.7444	.8453
	20.教室裡突發的狀況，不會影響到我上課的情緒。	.6997	.8479
	21.我能在斥責學生之後，馬上心平氣和繼續進行教學。	.6877	.8498
	22.我能以不讓學生感到厭煩的方式，傳達拒絕的訊息。	.5437	.8646
	23.即使我感到傷心，我仍能以鼓舞神情激勵學生。	.6727	.8516
	24.即使我感到生氣，我仍能以平和語氣面對學生。	.6971	.8491

向度	題次內容	校正後總相關	刪題後 α 係數
(4) 口語溝通的技巧	25.我能用學生習慣的方式，和他們交談。	.7132	.8876
	26.在言談時，我常會使用許多手勢協助表達。	.6828	.8901
	27.我會使用學生能接受的方式說服他們。	.7274	.8862
	28.我能與學生們暢談任何問題。	.6654	.8918
	29.我會使用正反兩面的資訊去說服學生。	.6642	.8918
	30.無論說什麼，我總能清楚扼要地切入重點。	.6893	.8896
	31.我能用簡單的話陳述道理，使學生專心聆聽。	.7435	.8846
	32.學生們常說我是個能言善道的老師。	.6561	.8940
(5) 人際關係的技巧	33.我會依不同的教室情境，表現適當的言行舉止。	.6200	.8721
	34.我常留意學生對我印象的好壞。	.6699	.8671
	35.我很在乎學生們對我的評價。	.6187	.8741
	36.我能很快察覺學生人際往來的互動關係。	.6904	.8651
	37.我很強調學生們相互尊重的人際規則。	.6279	.8715
	38.我能利用觀察傾聽方法，獲得學生互動的資訊。	.7397	.8612
	39.我能從學生的舉手投足，解析學生的人際現象。	.6643	.8680
	40.學生們常說我是個親切隨和的老師。	.6134	.8735
(6) 角色轉換的技巧	41.校外教學時，我能與學生打成一片。	.6433	.8927
	42.小組討論時，我善於引導學生發言。	.7503	.8828
	43.分組活動時，我能成為學生的最佳協助者。	.7684	.8810
	44.無論何種教室情境，我都能很快融入其中。	.7279	.8850
	45.教學進行中，我能嚴肅地要求學生確實遵守班規。	.5613	.8995
	46.我能以親切的態度傳達對學生的關心。	.6597	.8913
	47.我樂於和學生分享我的人生經驗。	.7296	.8850
	48.我有自信把課教好。	.6639	.8909

5.人際關係的技巧：信度分析後Cronbachα係數.8865，單題之「校正後項目整體相關」情形，從.6134～.7397，其中以第35、40題最低。

6.角色轉換的技巧：經信度分析後Cronbachα係數達.9005，單題之「校正後項目整體相關」情形，從.5613～.7684，其中以第41、45題最低。

三、驗證性因素分析

由於本研究量表之發展，係根據文獻理論基礎與相關研究分析，進行國小校長、主任、組長、教師晤談及專家意見調查，然後建構「教師教室領導技巧量表」。為了探討本量表建構的六個向度：(1)「情感表達技巧」；(2)「敏銳洞察技巧」；(3)「情緒控制技巧」；(4)「口語表達技巧」；(5)「人際關係技巧」；(6)「角色轉換技巧」，整體測量「教師教室領導技巧量表」的建構情形。本研究採用「驗證性因素分析」（confirmatory factor analysis）方法進行「教師教室領導技巧總量表與六向度之測量模式」的適配度分析。

本研究探討總量表與六向度之結構模式時，主要是以Joreskog & Sorbom（1989）所發展線性結構關係（linear structural relationship，簡稱LISREL）模式及設計的LISREL 7.16統計套裝軟體程式來進行分析。其考驗模式指標之各項評鑑項目有一定之規則，如Bollen（1989）指出評鑑互動模式指標的目的，乃希望從各方面來評鑑理論模式是否能解釋實際觀察所得資料，因此宜從不同角

度，並參照多種指標來作合理的判斷。有關評鑑互動模式指標的標準，Bagozzi & Yi (1988) 指出：應該從「基本適配標準」 (preliminary fit criteria)、「整體模式適配標準」 (overall model fit)、「模式內在適配標準」 (fit of internal structure of model) 三者來評鑑互動模式。

■ 模式基本適配標準評鑑結果分析

從**表4-6**可看出，所有參數估計數（即λ值）皆達顯著水準，而且誤差值都沒有負值，γ值也達顯著水準，可見基本適配標準良好。

■ 模式整體適配標準評鑑結果分析

整體的適合度指數 (goodness of fit index, GFI) 是.997，調整後的適合度指數 (adjusted goodness of fit index, AGFI) 是.994，與最大值1很接近，表示本研究所假設的模式與理論上的模式相符合，模式的可信度高；而且本研究結構方程式的整體決定係數 (total coefficient of determination for structural equations,

表 4-6　教師教室領導技巧總量表與六向度之結構模式參數估計結果

參數 λ 值	SC 估計值	參數	SC 估計值	R² 值	評鑑指標
情感表達	.729*	$\delta 1$	.468*	R²(X1)＝.531	TCD(X)=.937
敏銳洞察	.867*	$\delta 2$	.249*	R²(X2)＝.752	TCD(δ)=.939
情緒控制	.608*	$\delta 3$	.630*	R²(X3)＝.370	GFI=.997
口語表達	.917*	$\delta 4$	.159*	R²(X4)＝.841	AGFI=.994
人際關係	.834*	$\delta 5$	.305*	R²(X5)＝.696	RMSR=.544
角色轉換	.864*	$\delta 6$	.253*	R²(X6)＝.746	LSR =1.12

TCD）是.937，最大正規化殘差（largest standardized residual, LSR）是1.12，都符合指標評鑑標準，可見模式整體適配標準良好。

■ 模式內在結構適配標準評鑑結果分析

各測量指標的信度，六向度的R^2從在.370到.841之間，顯示本模式仍有誤差存在。就模式而言，教師教室領導技巧總量表與六向度之結構模式的解釋量有93.9%，顯示本模式之內部結構甚佳。

■ 教師教室領導技巧總量表與六向度之結構模式的適配情形佳

從本研究前述教師教室領導技巧總量表與六向度之結構模式的研究發現，在模式基本適配標準評鑑結果、模式整體適配標準評鑑結果、模式內在結構適配標準評鑑結果也都支持本研究之結構模式之成立。因此，也可以支持和解釋教師教室領導技巧總量表與六向度之結構模式有良好的建構效度存在。歸納本研究之結果發現如下：

從**圖4-2**測量模式圖可以看出，由於潛在變項「教室領導技巧」的觀察變項「情感表達的技巧」、「敏銳洞察的技巧」、「情緒控制的技巧」、「人際關係的技巧」、「角色轉換的技巧」之結構係數分別各為.729、.867、.608、.917、.834、.864，其 t 值皆達顯著水準。顯示六個測量變項，均能測到相同的潛在因素（教室領導技巧）。測量模式圖的涵義可以解釋如下：當教師領導技巧之「情感表達的技巧」愈佳、「敏銳洞察的技巧」愈佳、「情緒控制的技巧」愈佳、「人際關係的技巧」愈佳、「角色轉換的技巧」愈佳，則「推」教師領導技巧的力量也愈強。此結果將本研究中「教師教室領導技巧總量表與六向度之測量模式」假設予以結構化，顯示出

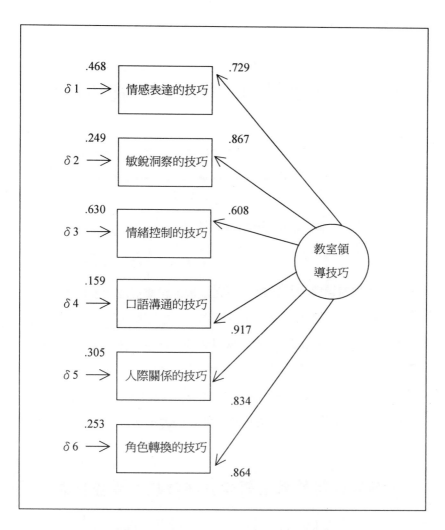

圖 4-2　教師教室領導技巧總量表與六向度之測量模式圖

其建構效度佳。

第四節　編製精簡的教室領導技巧自我檢核表

一、依據理論建構分析教室領導技巧量表內容

　　筆者根據領導理論與相關研究分析，建構形成問卷初稿、建立專家內容效度、實施與分析預試問卷，從施測結果發現：各向度與總量表之內在相關結果皆達.01顯著水準，且在「教師教室領導技巧總量表與六向度之測量模式」之驗證性因素分析結果亦佳，顯示本問卷之向度建構良好；其次綜合因素分析、相關分析、項目分析及信度分析四種統計分析方法刪減題數詳於**表4-7**。

二、編製精簡的教室領導技巧評鑑自我檢核表

　　根據預試問卷分析結果，每個向度篩選六個題目，六個向度共計挑選出三十六題。編製成為精簡的教室領導技巧自我檢表評鑑工具「教師教室領導技巧量表」，建構本研究之教室領導技巧評鑑指標，詳見下**表4-8**。

表 4-7　「教師教室領導技巧」統計分析後篩選題目情形

向度別	因素分析刪減題次	相關分析刪減題次	信度分析刪減題次	綜合評斷刪減題次	篩選之後保留的題次
向度一：情感表達技巧	1、3	1、3	1、3	1、3	2,4,5,6,7,8
向度二：敏銳洞察技巧	10、12	12、15	12、15	12、15	9,10,11,13,14,16
向度三：情緒控制技巧	17、22	17、22	17、22	17、22	18,19,20,21,23,24
向度四：口語溝通技巧	29、32	29、32	29、32	29、32	25,26,27,28,30,31
向度五：人際關係技巧	35、40	33、37	35、40	35、40	33,34,36,37,38,39
向度六：角色轉換技巧	41、45	41、45	41、45	41、45	42,43,44,46,47,48

表 4-8　教師教室領導技巧評鑑自我檢核表

> 【說明】下列敘述是為了瞭解您在教室領導的狀況，請根據您在教室的實際情況的符合程度，在 5 - 4 - 3 - 2 - 1 的適當數字上打「○」。

	完全符合	大部分符合	部分符合	大部分不符合	完全不符合
1.我能運用動作，指示學生表達情感	5 -	4 -	3 -	2 -	1
2.我能以不同聲調變化方式，來傳達不同的訊息	5 -	4 -	3 -	2 -	1
3.我會運用各種手勢，來表達各種意見	5 -	4 -	3 -	2 -	1
4.當我快樂時，我的學生也隨著我充滿愉悅的活力	5 -	4 -	3 -	2 -	1
5.我能完全地吸引著學生的注意力	5 -	4 -	3 -	2 -	1
6.學生們常說我是個表情豐富的老師	5 -	4 -	3 -	2 -	1
7.置身於教室情境，我能迅速覺察學生是否對我有好感	5 -	4 -	3 -	2 -	1
8.當學生心情不好時，總會找我替他們排憂解愁	5 -	4 -	3 -	2 -	1
9.學生們常說我是個善體人意的老師	5 -	4 -	3 -	2 -	1
10.我能全神貫注地觀察學生的反應	5 -	4 -	3 -	2 -	1
11.我能專注地傾聽學生的意見表達	5 -	4 -	3 -	2 -	1
12.學生們常說我是個能瞭解他們想法的老師	5 -	4 -	3 -	2 -	1
13.即使我心中不太高興，我仍能平穩的進行教學	5 -	4 -	3 -	2 -	1
14.即使我內心充滿焦慮，我仍能從容地進行教學	5 -	4 -	3 -	2 -	1
15.教室裡突發的狀況，不會影響到我上課的情緒	5 -	4 -	3 -	2 -	1
16.我能在斥責學生之後，馬上心平氣和繼續進行教學	5 -	4 -	3 -	2 -	1
17.即使我感到傷心，我仍能以鼓舞神情激勵學生	5 -	4 -	3 -	2 -	1
18.即使我感到生氣，我仍能以平和語氣面對學生	5 -	4 -	3 -	2 -	1

【說明】下列敘述是爲了瞭解您在教室領導的狀況，請根據您在教室的實際情況的符合程度，在 5 - 4 - 3 - 2 - 1 的適當數字上打「○」。

	完全符合	大部分符合	部分符合	大部分不符合	完全不符合
19.我能用學生習慣的方式，和他們交談	5 -	4 -	3 -	2 -	1
20.在言談時，我常會使用許多手勢協助表達	5 -	4 -	3 -	2 -	1
21.我會使用學生能接受的方式說服他們	5 -	4 -	3 -	2 -	1
22.我能與學生們暢談任何問題	5 -	4 -	3 -	2 -	1
23.無論說什麼，我總能清楚扼要地切入重點	5 -	4 -	3 -	2 -	1
24.我能用簡單的話陳述道理，使學生專心聆聽	5 -	4 -	3 -	2 -	1
25.我會依不同的教室情境，表現適當的言行舉止	5 -	4 -	3 -	2 -	1
26.我常留意學生對我印象的好壞	5 -	4 -	3 -	2 -	1
27.我能很快察覺學生人際往來的互動關係	5 -	4 -	3 -	2 -	1
28.我很強調學生們相互尊重的人際規則	5 -	4 -	3 -	2 -	1
29.我能利用觀察傾聽方法，獲得學生互動的資訊	5 -	4 -	3 -	2 -	1
30.我能從學生的舉手投足，解析學生的人際現象	5 -	4 -	3 -	2 -	1
31.小組討論時，我善於引導學生發言	5 -	4 -	3 -	2 -	1
32.分組活動時，我能成爲學生的最佳協助者	5 -	4 -	3 -	2 -	1
33.無論何種教室情境，我都能很快融入其中	5 -	4 -	3 -	2 -	1
34.教學進行中，我能嚴肅地要求學生確實遵守班規	5 -	4 -	3 -	2 -	1
35.我樂於和學生分享我的人生經驗	5 -	4 -	3 -	2 -	1
36.我有自信把課教好	5 -	4 -	3 -	2 -	1

班級經營策略的基本概念

班級是一個多元而複雜的小社會，教師在班級經營活動中所要處理的事務很多，如何在忙亂的工作中理出頭緒把握重點，使得班級的各項活動能依據教育的原理正常運作，是教師班級經營策略的一大展現。

　　班級經營策略（classroom management strategies）的觀念，可遠溯自1840年代之前的美國獨室學校（oneroom school）經營方式。那一時期的班級經營策略觀念：認為教師就是學校或班級的經營者，制定一些必須遵循的規則，負責各項活動的經營與管理。例如，單文經（民83）指出獨室學校的階段，學校即班級，一切皆由教師全權負責，教師主要的經營課題，即在詳為計畫與準備班級的各項活動，並且竭盡所能維持班級秩序，以提高學生的學習效果。歸納其可用之班級經營策略，包括提供教師建立一個安全的、建設性的教室環境，減少不良行為，使學生更專心學習。因此，教師們若能從教室觀察、教室調查及研究方法上，找出良好的班級經營策略，將能夠使教室成為產生最佳學習效果的場所，以追求最好的教學成效，以達到特定的教育目標。以下將分別從班級經營策略的意義、班級經營策略的功能、班級經營策略探討的內容及班級經營策略的研究取向四節來加以分析探討班級經營策略的基本概念。

第一節　班級經營策略的意義

　　為了瞭解班級經營策略的意義，首先必須對「班級經營」的意義作一剖析方能瞭解其精義之所在，其次再據之探索「班級經營策

略」的意義。

一、班級經營的意義

■ 從國內專家學者之相關研究來看「班級經營」

方炳林（民65）指出：教室管理是教師或教師和學生共同合適
地處理教室中人、事、物等因素，使教室成為最適合學習的環境，
以易於達成教學目標的活動。

李祖壽（民69）指出：班級管理係安排教學環境，包括物質的
和精神的環境，以使學生能有效的利用其學習時間，在教師的指導
與希望之下，從事其應有的及可能的學習。

朱文雄（民78）指出：班級經營是指教師管理教學情境，掌握
並指導學生學習行為，控制教學過程，以達成教學目標的技術或藝
術。

李園會（民78）指出：班級經營是為使兒童能在學校與班級
中，愉快的學習並擁有各種快樂的團體生活，而將人、事、物等各
項要件加以整頓，藉以協助教師推展各種活動的一種經營方法。

吳清山（民79）指出：班級經營是教師或師生遵循一定的準
則，適當而有效地處理班級中的人、事、物等各項業務，以發揮教
學效果，達成教育目標的歷程。

熊智銳（民83）指出：班級經營是指，班級是一個多元的有機
體，教師為了達成教育目標，運用適當的方式和過程，使班級中各
個元素產生良性的互動，使教學活動在愉快的氣氛中順利進行。

鄭玉疊（民83）指出：班級經營是教師爲了班級上各種人、事、物活動的順利推展和互動，所執行的措施，以求良好教學效果和達成教育目標的歷程。

劉榮裕（民84）指出：班級經營就是教師以本身之專業知識和能力，適當而有效地處理班級人、事、物等各項業務，以發揮教學和輔導功能，達成教育目標的活動歷程。

曾燦燈（民85）指出：班級經營是指教師運用有效的方法，結合班級內外之人、事、地、物等各項資源，依據教育原理，以發揮教育效果，達成教育目標的活動與過程。

劉佑星（民85）指出：班級經營乃是教師與學生將班級視爲一個有機體，主動地參酌班級現有的條件，共同依循有關的規定與程序，對與班級有關的人、事、物加以整體性的計畫、經營及創新改進，以營造班級中的良好氣氛與學習環境，輔導兒童愉快而有效的學習，並促進兒童全人教育目標達成的歷程。

歸納而言，從國內專家學者之相關研究來看，「班級經營」的意義是教師或師生遵循一定的準則，適當而有效地處理班級中的人、事、物等各項業務，以發揮教學效果，達成教育目標的歷程。

■ 從國外專家學者之相關研究來看「班級經營」

Johnson & Bany（1970）指出：班級經營是建立和維持班級團體，以達成教育目標的歷程。

Dollar（1972）指出：班級經營，是一個教師建立班級規則，並要求學遵守班級規則的方法。

Good（1973）指出：班級經營，是處理和指導班級活動所特別涉及到的問題，如紀律、民主方式、參考資料的使用與保管，教室

的物理特色、一般級務處理及學生的社會關係。

Curwin & Mendler（1980）指出：班級經營，是教師預防、處理、解決介於學生個人需求和班級教室規則之間衝突的方法。

Carson & Carson（1984）指出：班級經營，是教師有系統地利用行為管理技術的原理與方法，有效地控制學生行為問題的前因後果，其內容包括有效地經營教室環境預防教室問題，及有效地教導學生可欲的行為減少學生不良行為發生的方法。

Emmer（1987）指出：班級經營，是教師一連串的行為和活動，主要在培養學生班級活動的參與感與合作性，其範圍包括安排物理環境、建立和維持班級秩序、督導學生進步情形、處理學生偏差行為，培養學生工作責任感及引導學生學習。

Jones & Jones（1990）指出：班級經營，是教師運用對個體發展知識的理解，去教導取代學生慣常的不良行為，藉以增進學生學習成就、預防班級管理問題的方法。

Edwards（1993）指出：班級經營，是教師運用多項技能，如安排教室環境、建立教室規則、處理不良行為、監督學生活動、選用獎賞與增強方法、訓練常規以維持一個有效率的學習環境，營造良好師生關係，促進有效教學的方法。

歸納而言，從國內專家學者之相關研究來看，「班級經營」的意義是教師透過一些方法或技巧，如安排教室環境策略、建立和諧溝通策略、監督學生活動策略、建立教室規則策略、善用獎懲增強策略、處理不良行為策略等向度，進而能夠維持一個有效率的學習環境，營造良好師生關係，促進教師有效教學與學生成功學習。

二、班級經營策略的意義

　　教師班級經營策略的內容相當重要，教師在於班級經營活動中所要注意的事項很多，如何在龐雜的教室活動中理出頭緒把握重點，使得教室裡的各項活動能依教育的原理正常運作，教師就必須講求「班級經營策略」，才能成為一位有效能的經營者與教學者。因此，班級經營策略的意義，從其範圍而言，可分為廣義和狹義兩個層面來解釋：

■ 廣義的班級經營策略

　　李園會（民78）指出：班級經營的基礎，首先是要掌握班級的實際狀況，其內容包括：瞭解兒童、組織團體、結交朋友、建立班級體制、教室佈置、學習指導、生活指導、健康安全指導、輔導學生問題、讀書指導、參加學校例行活動、與學生家長聯繫、班級事物。

　　吳清山（民79）在於〈班級經營的基本概念〉一文中指出，班級經營所涉及的人、事、物等事項範圍甚廣，其內容包括：

1. 行政經營：包括認識學生、座次安排、生活照顧、班會活動、班規訂定、校令轉達、各項競賽、學生問題處理。

2. 教學經營：包括教學活動設計、教學內容選擇、教學方法的應用、學生作業指導、學習效果的評量。

3. 自治活動：指學生在教師指導下成立自治組織，從事自我管

理活動。

4. 常規輔導：包括生活教育的輔導、問題行為的處理。

5. 班級環境：以班級的物質環境和教室的佈置為主。

6. 班級氣氛：包括師生關係與學習、教師教導方式與班級氣氛、學生同儕團體中的人際關係。

因此，教師們在班級經營時必須遵循一定的準則，適當而有效地處理班級中的人、事、物等各項業務，以發揮教學效果，達成教育目標的歷程。

■ **狹義的班級經營策略**

Emmer, Evertson & Clements (1984) 在 *Classroom Management for Secondary Teacher* 一書中，將中學教師班級經營的內容分成九個主題加以探討：(1)組織教室與物力；(2)選擇規則和程序；(3)管理學生的學習工作；(4)獎勵與處罰；(5)一個好的開始；(6)維繫學生良好行為；(7)組織和控制教學；(8)管理特殊團體；(9)評鑑教室組織與經營的成效。

單文經（民83）在《班級經營策略之研究》一書中，指出班級經營的課題可從橫斷面和縱斷面來分析：

1. 橫斷面分析：包括班級經營者所可能操弄的與可改變的因素，如時間、空間、人員、材料、權責與獎懲等因素，以目標、規則及角色期望等形式，有效地把所作成的決定傳達給班級團體的成員。

2. 縱斷面分析：包括計畫、組織、協調、指導、管制、溝通、管家、養護等班級經營的工作項目，並且提出班級經營策略，

包括時空環境經營策略、學習環境經營策略、多元文化經營策略、班級活動經營策略、班級常規經營策略、綜合的班級經營策略。

因此，教師在使用班級經營策略時，應該要理解班級經營之橫斷面和縱斷面的課題與內涵，並透過一些方法或技巧——如安排教室環境策略、建立和諧溝通策略、監督學生活動策略、建立教室規則策略、善用獎懲增強策略、處理不良行為等班級經營策略，進而能夠維持一個有效率的學習環境，營造良好師生關係，促進教師有效教學與學生成功學習。

第二節　班級經營策略的功能

班級經營策略的主要功能，在於維持一個有效率的學習環境，營造良好師生關係，促進教師有效教學與學生成功學習。因此，教師必須講求「班級經營策略」，才能進行良好的班級經營。

李園會（民78）指出：班級經營方案必須符合班級經營的實情，並不斷地加以活用。理想的班級經營方案，其認為應具有以下的功用：(1)具有提示班級經營的實施方針；(2)提示班級經營計畫的重點；(3)能夠確實掌握班級實況與其變化；(4)可以防止班級經營上的缺失並提供良好的創見；(5)可以顯示班級經營的缺失因素與改進的方法；(6)具有評量班級經營的功能；(7)能夠將班級經營所獲得之經驗，作為發展改進之參考。

朱文雄（民78）指出：班級經營的目的在於，第一是維持教室情境，第二是從事有效教學，第三是達成師生教學目標。析而言之有以下六項功能：(1)維持良好的班級秩序，使學生心無旁騖；(2)培養正確的行為習慣，使學生守法重紀；(3)啓發主動的學習興趣，使學生勤學樂學；(4)增進身心的生長發展，使學生適應愉悅；(5)發展團體的自治自律，使學生動靜得宜；(6)增進班級的情感交流，使學生樂群善群。

吳清山（民79）指出：班級經營的功能，不僅是防止學生不良行為的產生，而且更要提高其學習效果。班級經營的功能，可以歸納為以下六項：(1)維持良好班級秩序；(2)提供良好學習環境；(3)提高學生學習效果；(4)培養學生自治能力；(5)增進師生情感交流；(6)協助學生人格成長。

金樹人（民83）指出：教室常規的主要目的是要維持學校的秩序，但維持秩序本身並非終極目的，我們應該進一步地想想為什麼希望教室中維持一定的秩序。思考這個問題後，將可發現透過良好的教室常規而維持良好的教室秩序，以收以下五項功用：(1)促進學習；(2)增進社會化；(3)培養民主精神；(4)滿足心理需求；(5)增加學習的樂趣。

高強華（民84）指出：良好的教室管理可以增加團體的凝聚力，提高班級士氣，激勵學生的動機、興趣與努力，教學效率因之得以提昇。

第三節 班級經營策略探討的內容

單文經（民83）指出：社會大眾對於日益嚴重的學生管教問題，愈來愈為憂心。此一問題，與教師班級經營的成效，有密切的關聯，因此其進行班級經營策略的研究，包括班級經營概念的分析、時空環境的經營策略、學習環境的經營策略、多元文化的經營策略、班級活動的經營策略、班級常規的經營策略、綜合的班級經營策略，希望透過系統化的分析與研究，作比較深入的探討，藉由提昇教師班級經營知能及各項因應措施，以協助教師們進行為良好的班級經營，使得班級經營的問題漸漸受到各方面人士相當重要程度的重視。

朱文雄（民78）指出：班級經營的內容包括六個層面：

1. 行政管理層面：班級經營的理念與體認、班級目標之設定與執行、班級經營計畫和班級行事曆之訂定與執行、開學準備週之運用、班級幹部之組訓、始業指導、級務處理、導護工作。

2. 課程與教學管理層面：課程設計、教材選擇、安排課表、教學方法、教學內容及潛在課程。

3. 常規管理層面：包括班級常規的訂定與執行。

4. 教室環境管理層面：教室物理環境管理（教室設備、教室佈置、清潔衛生工作、座位安排、班級圖書）及教室心理環境

管理（班級的氣氛）。

5.人際關係管理層面：班級中的各種人際關係、家長參與班級
   經營之情形、級任教師領導效能、教師期望之運作、行為改
   變技術之運用。

6.與班級有關的其他教育活動管理層面：包括班會經營、午餐
   經營、校園安全、意外事件處理、愛心活動、儲蓄活動、休
   閒活動、體育活動、學藝競賽、團隊活動、各種簿冊表件之
   處理與建檔、班級特色的發展、如何接一個的班級等。

鄭玉疊、郭慶發（民83）指出：班級經營的內容可分三大類：

1.班級成員的互動：包括師生間的溝通、學生間之溝通、教師
   與家長間之溝通、教師與同事和校內行政人員之溝通。

2.班級教學與事務管理：包括學習輔導、生活輔導、親職教育
   的實施。

3.行政事務的辦理：包括一般性的班級事務工作。

　　單文經（民83）在《班級經營策略研究》一書中，提出六項綜
合的班級經營策略供教師們參考：(1)積極肯定；(2)和諧溝通；(3)動
靜得宜(4)導正目標；(5)善用賞罰；(6)問題處理。

　　劉榮裕（民84）在《國小級任教師班級經營領導模式與學生學
業成就之相關研究》中，將班級經營內容分五個層面加以探討：(1)
行政管理層面；(2)教學管理層面；(3)常規管理層面；(4)環境管理層
面；(5)人際管理層面。

　　吳清山（民85）在〈提昇班級經營效能的有效途徑〉一文中，
提出七個班級經營的有效途徑：(1)開學之初，明確說明班級期望；

(2)師生雙方,共同適訂班級規範;(3)師生雙方,共同進行教室佈置;(4)師生雙方,共同營造班級氣氛;(5)善用獎懲原則,建立學生良好表現;(6)掌握學生學習心態,維持全班學生參與學習活動;(7)充分利用班會時間,檢討每位學生生活各種得失。

劉佑星（民85）在〈談班級經營的理念與基本做法〉一文中,提出級任導師在接任一個班級之後,可以依下列步驟實施班級經營:(1)整體規劃班級教育目標;(2)系統實施班級經營活動;(3)有效經營學習情境;(4)建立並維持班級常規;(5)加強提昇學生學習效果;(6)爭取家長參與班級經營活動;(7)建立班級經營特色;(8)定期實施班級經營評鑑。

台灣師範大學教育研究中心於八十二年二月舉辦「班級經營的理念與策略」學術研討會,內容主題包括:(1)班級的行政管理;(2)班級的環境管理;(3)班級的時間管理;(4)課程與教學的管理;(5)學生違規及暴力行為的防範與處理;(6)獎賞與懲罰的運用;(7)班級人際關係的經營;(8)班級常規管理;(9)教室管理面面觀。

屏東師範學院於八十二年二月舉辦「班級經營學術研討會」,研討內容主題包括:(1)班級經營的理論基礎與研究方法;(2)建構教室行為管理系統方案之研究──化理論為實務;(3)「班級經營的策略」快樂的一天──教室裡;(4)實施班級經營對國小教師獎懲方式之影響;(5)Z理論在班級經營上的運用;(6)國小班級經營中的輔導工作之探討;(7)國小學生心目中「有效的常規管理者特質」;(8)情境領導理論及其在國小班級領導之應用;(9)自然科教室管理個案觀察研究報告。

台北市立師範學院於八十四年十二月舉辦「班級經營理論與實務研討會」,研討內容主題包括:(1)從多元文化觀點談班級經營;

(2)班級師生關係與同儕關係的經營；(3)與家長的關係及溝通；(4)時間與空間的經營；(5)課程與教學的經營；(6)教師管教權責之探討；(7)班級常規的經營；(8)學生暴力行為的防範及處理。

台北市立師範學院於八十五年五月舉辦「班級經營理論與實務研討會」，研討內容主題包括：(1)從教育哲學的觀點談班級經營；(2)現代輔導觀念下的師生溝通術；(3)建立親師之間的橋樑——班級親師合作的探討；(4)國小新生班級常規學習中的潛在課程及其省思；(5)時間和空間的經營；(6)從師生互動論教師管教權責；(7)有效能的班級常規經營策略；(8)校園暴力的防治。

Charles (1985) 在 *Building Classroom Discipline: From Model to Practice* 一書中，提出了二十項有效班級經營的原則，供教師實施班級經營之參考：

1. 建立一套自己的班級管理模式。
2. 確定良好的班級行為準則，讓學生有所適從，對學生有明確的期望並清楚表達。
3. 把對學生的期待具體條例，儘量正面敍述，以不超過五至六條為宜，並張貼在教室內。
4. 向學校行政人員、學生家長或其他教師解說各項規定，並尋求他們的支持與協助。
5. 教室佈置應便於管理，避免分心或不便於走動。
6. 第一天上課便和同學討論重要的規定事項，並確定學生瞭解各項規定的意思，以及遵守與不遵守後的獎懲方式。
7. 維護自己教學、管理和要求學生學習的權利。務必讓學生瞭解：絕不允許任何事務干擾到教師的教學權利，和學生的學

習權利。

8. 教學活動安排緊湊，一氣呵成而不中斷，教材呈現有組織生動。

9. 做學生的好榜樣，所有要求學生的事項，都能以身作則。

10. 多與學生個別互動、多溝通。協助解決個別困難，並且平均照顧到每位學生。

11. 協助學生建立行為與結果之間的聯結。讓學生瞭解好的行為來自好的選擇，隨之而來的是令人愉快的結果；反之，不當的行為來自不當的選擇，其結果自然是負面的。

12. 有效而積極地面對不當的行為，而非一味規避，視若無睹，甚至默許。

13. 所訂獎懲辦法應貫徹執行，讓學生瞭解老師隨時願意幫助他們。

14. 務必增強良好的行為，正增強與獎勵是建立良好的行為的最有效方式。

15. 以理智的態度向學生說明其行為的不當。亦即，具體指出不當的事實，並建議如何改正。切勿使用人身斥責，傷害學生自尊。

16. 想辦法解決學生之間的衝突，以避免學生訴諸打架或爭吵。

17. 利用班會、聯絡簿、電話、班訊等方法，定期與學生和家長溝通、聯繫。

18. 接納每一位學生，讓他們有成功的機會。肯定每位學生，留意並記錄他們在各方面的良好表現與進步情形，並與家長分享。

19. 針對不同的班級，彈性調整其管理方式。寬嚴尺度宜恰到好

處。

20.永不絕望，絕不放棄。

Bull & Solity (1987) 在*Classroom Management: Principles to practice*一書中以行為學派的觀點為基礎，提出積極管理策略，期能強化學生行為，使學生繼續堅持努力爭取進步。內容包括：(1)集中注意學生正面行為；(2)運用教室情境事件教導學生如何做；(3)樂於辨識被期待的適當行為和表現；(4)處理學生不當行為，焦點應注意學生的「不當行為」，而不是學生個人；(5)對不同學生應保持一致的管理。

Jones & Jones (1990) 在*Comprehensive Classroom Management: Motivating and Managing Students*一書中，將班級經營的內容分成十個主題加以探討：(1)瞭解學生的基本心理需求；(2)建立正向的師生關係及同儕關係；(3)營造良好的親師關係；(4)提昇學生的學習動機；(5)激勵學生提高學習興趣的教學；(6)教室時間和空間的妥善管理；(7)藉有效的教室規則與程序，來發展學生的正面行為；(8)不良行為的解決方法；(9)發展一套規約成為學生行為管理程序；(10)全校性紀律訓練方案。

Smith & Laslett (1993) 在*Effective Classroom Management: A Teacher Guide*一書中，將有效班級經營的內容分成十個主題加以探討：(1)班級經營的四個規則；(2)班級組織的分析；(3)減少教室中摩擦的來源；(4)不良行為學生的諮商輔導與討論；(5)教室對話㈠：學生問題的處理；(6)教室對話㈡：教師策略的運用；(7)教師沉著、迅速處理不良行為；(8)獎賞與懲罰；(9)教師壓力與教師感覺；(10)幫助同事們去面對問題。

Edwards（1993）在*Classroom Discipline and Manage-ment*一書中，歸納了行為塑造、果斷紀律、邏輯順序、理情治療與控制理論的觀點為基礎，提出有效班級經營的五個策略，期能強化學生行為，使學生繼續堅持努力爭取進步。內容包括：

1. 掌握學年開始的重要性：包括熟悉班級、建立班規。
2. 班級時間管理：包括建立行事曆、清晰指定功課、分發教材、綜合課程。
3. 流暢度。
4. 提昇學生的最大學業成就：包括激發學生學習興趣、指導學生學習、儘量減少不良行為的出現。
5. 心理環境的經營：包括活動區的設置、學生座位安排、教室環境佈置。

陳木金（民86）研究指出：班級經營策略是教師運用多項技能，如安排教室環境、建立教室規則、處理不良行為、監督學生活動、選用獎賞與增強方法、訓練常規以維持一個有效率的學習環境，營造良好師生關係，促進有效教學的方法，藉以增進團體的凝聚力，提高班級士氣，激勵學生的動機、興趣與努力，提昇教學效率與學習成功。並將教師班級經營策略內容歸納為六類：

1. 安排教室環境策略：包括能審慎安排教室空間，進行一般教室佈置及單元教學活動佈置，並能善用積極肯定，發揮專業權威的人際影響力面對學生，進而創造良好的教室物理環境與人文環境。
2. 建立和諧溝通策略：包括教師愈能深度傾聽學生說話，有效

進行接收技巧和傳送技巧，專注及運用建設性回饋技巧，以促進師生互動。

3. 監督學生活動策略：包括教師愈能運用人際距離、目光接觸、面部表情、身體姿勢、手勢信號、合宜的音韻、咬字清楚及暫停技巧，順利地掌握班級的狀況。

4. 建立教室規則策略：包括教師愈能建立教室常規，導正學生的目標。

5. 善用獎懲增強策略：包括教師愈能善用獎懲增強策略，使學生循規蹈矩，愉快且充實地進行各項班級活動。

6. 處理不良行為策略：包括教師愈能處理學生個別問題、學生間問題、班級團體問題，以協助學生改正不良行為，進行良好的班級經營活動。

第四節　班級經營策略的研究取向

單文經（民83）指出：如果把班級當作一個「生活世界」，它應該是有歷史的，在一般的情況下，教師就是創造或改變這個班級歷史的主要人物，而此中的關鍵就在於教師是否能靈活地運用各種班級經營的策略，贏得學生的「合作」，使得班級的活動能依教育的原理正常運作。以下分別從安排教室環境、建立和諧溝通、監督學生活動、建立教室規則、善用獎懲增強、處理不良行為等六個研究取向來找出良好班級經營策略的指標。

一、安排教室環境的研究取向

F. Redl & W. W. Wattenberg認為有效的班級經營策略，主要包括：

1. 教師應該瞭解教室裡的團體生活，包括領袖、小丑、烈士、教唆者等角色，並蒐集重要的各類資訊。
2. 教師適當地使用團體動力，瞭解學生的心理動力。
3. 教師運用教室裡的診斷性思考，如第一預感、蒐集事實、隱藏因素、具體行動及保持彈性等方法。
4. 有效運用影響技術，如支持自我控制、提供情境的協助、現實的評估、訴諸痛苦快樂原則、威脅與預警等技術 (Charles, 1989；金樹人，民83) 。

二、建立和諧溝通的研究取向

E. Berne & T. Harris認為有效的班級經營策略主要包括：

1. 班級經營的首要策略是讓學生瞭解三種不同的自我形象：父母、成人、兒童。
2. 瞭解生活中的四個位置：I'm Not OK- You're OK. I'm Not OK- You're Not OK. I'm OK- You're Not OK. I'm

OK-You're OK.

3.要求分析轉換自己的位置：再認知自我形象、避免互相矛盾的轉換、站在成人自我形象的位置 (Edwards, 1993)。

H. Ginott認為有效的班級經營策略，主要包括：

1.教師應該使用和諧溝通，傳達適切的訊息，針對情境而非學生的人格特質。

2.教師適當地表達憤怒，不要傷害學生的人格尊嚴。

3.教師邀請學生合作，增進學生自我選擇能力 (Cangelosi, 1988; Charles, 1989; Edwards, 1993；金樹人，民83)。

三、監督學生活動的研究取向

F. H. Jones認為有效的班級經營策略，主要包括：

1.瞭解教室的結構、訂規則，使學生專心上課，減少學生的不良行為及時間的損失。

2.有效地使用肢體語言，如眼神接觸、身體接近、身體姿勢、面部表情、手勢，使學生專心上課。

3.利用獎勵制度來引發學生的動機，使學生因喜歡獎勵而勤奮學習 (Cangelosi, 1988; Charles, 1989; Edwards, 1993；金樹人，民83)。

四、建立教室規則的研究取向

L. Canter認為有效的班級經營策略,主要包括:

1. 建立教室常規,教師清楚地與學生溝通期望,並確實執行,以維持一個高效率的學習環境。
2. 辨認並移走果斷常規訓練的障礙,練習使用果斷的方式,直到運用自如地處理學生問題 (Cangelosi, 1988; Charles, 1989; Edwards, 1993;金樹人,民83)。

R. Dreikurs認為有效的班級經營策略,主要包括:

1. 教室常規不是處罰,而是教導學生能自我約束的邏輯順序。
2. 民主的教師提供穩定的輔導與領導,並允許學生在制定教室規則時有發言權、決定權。
3. 每位學生都有歸屬的需求,他們需要身分地位與認可,教師應協助他們,並導正他們錯誤的行為 (Cangelosi, 1988; Charles, 1989; Edwards, 1993;金樹人,民83)。

五、善用獎懲增強的研究取向

B. F. Skinner認為有效的班級經營策略,主要包括:

1. 正確行為的塑造:包括特別規則的澄清、忽視不一致的行

為、稱讚遵守規則的學生。

2.提供增強刺激：當學生表現出正確行為，應立即受到獎賞，受善利用各種增強刺激物 (Cangelosi, 1988; Charles, 1989; Edwards, 1993；金樹人，民83) 。

六、處理不良行為的研究取向

J. Kounin認為有效的班級經營策略，主要包括：

1.教師對學生的負向或正向的行為，都會散發和影響周圍的學生，產生「漣漪效應」。
2.學生們需要被他們的教師所管理。
3.教師自始至終都必須表現出明確和堅持的管理態度，直到學生不再表現不良的行為止。
4.教師可以用掌握全局方式來推展他的班級經營 (Cangelosi, 1988; Charles, 1989; Edwards, 1993；金樹人，民83) 。

W. Glasser認為有效的班級經營策略，主要包括：

1.班級經營的首要策略是不斷地強調學生的責任。
2.建立班規以促進班級與學生個人的成功學習。
3.學生有偏差的不良行為時，教師不可接受學生的任何藉口，教師應要求學生對其偏差行為作價值判斷，並協助學生對不良行為找出適當的替代行為 (Cangelosi, 1988; Charles, 1989; Edwards, 1993；金樹人，民83) 。

班級經營策略研究的理論基礎

班級經營策略理論的研究，除受時代背景與社會需要的影響外，各時期之班級經營學者專家更有其獨特的理論基礎與學科領域，以致各自發展不同的模式。雖然如此，但大概也可歸納出發展的軌跡，以下試將班級經營策略的理論研究發展大略區分為創始、建立、轉變、充實期四個時期，其中重要研究派別如 Conceptualizing Classroom Management、Behavior Modification 、Assertive Discipline、Kounin Model、 Jones Model、 Logical Consequences、 Reality Therapy & Control Theory、 Transactional Analysis 、 Ginott Model、Group Dynamics、Classroom Knowledge Research 等班級經營理論研究。

　　回顧國內對於班級經營策略的研究，有一部分都集中於班級經營理論的分析與策略的探討，其通常以分析班級經營理論之理念、內涵與功能，歸納可用之班級經營策略，提供教師建立一個安全的、建設性的教室環境，減少不良行為，使學生更專心學習，期望能使教室成為產生最佳學習效果的場所；另外有一部分研究是從實證之教室觀察、教師調查及研究方法探討班級經營的角度進行研究，希望從教室觀察、調查及研究方法上，找出良好的班級經營策略。然而有關於班級經營策略的理論研究，目前國內仍然較少，本章擬就班級經營理論的系統研究與理論發展作一歸納，以作為班級經營策略理論發展的參考。

第一節　創始期

　　班級經營策略研究在美國的發展可溯自1840年代之前，在新式學校興起的初期，由一位教師帶領幾位學童讀書認字的私塾，或帶領一個班級或一所學校的「獨室學校」，在這種場所裡，教師即是學校或班級的經營者，制定一些必須遵循的規則，負責學校內各項活動的經營與管理（單文經，民83）。

　　直到1847年，紐約奧本尼州立師範學校校長D. V. Page出版了 *Theory and practice of teaching: Or, the motives and methods of good school-keeping,* 1847一書，從維繫良好學校營運的動機與方法探討教學的理論與實際，強調(1)「秩序」是辦好學校，獲致成功的方法；(2)「詳細計畫與準備」是教師妥善班級經營的良方，明確地指出了教師班級經營主題，即在於詳為計畫與準備班級的各項活動並竭盡所能維持班級秩序，以提高學生的學習效果（單文經，民83）。

　　之後，隨著人口的增加，都市化程度日漸提高，「獨室學校」逐漸轉變型態，成為依學生程度而設計不同學程的年級組織型態，因此教師班級經營的工作，從功課表的訂定、學習時間的安排、空間的安排、教學設備和器材的管理、安排良好的教學活動、學生道德涵養的陶冶等，例如，J. Baldwin在*School Management and School Methods,* 1897中提出學校經營與班級經營的五項通則：(1)規則；(2)果斷；(3)靜肅；(4)合宜；(5)責任。把教師班級經營的方式

由注重教師個人學養的重視，轉而兼重程序性的規定，由一般原則的注重，轉而兼重具體班級經營策略的研究（單文經，民83）。此一時期的班級經營策略研究係屬「Conceptualizing Classroom Management」，可以歸類為對於班級經營策略研究的濫觴。

第二節　建立期

一、B. F. Skinner 的「Behavior Modification」對於班級經營策略研究的貢獻

　　B. F. Skinner 1904年在美國賓州出生，1931年在哈佛大學取得博士學位，其後半生大都在哈佛度過。在哈佛他進行有關學習的實驗研究，早期關心學習過程中「刺激—反應」的聯結，其後發現了「增強原理」，並利用增強研究欲改變的行為「Behavior Modification」。在其名著 *Walden Two,* 1948即描述一個基於增強原理的社會運作；另外在 *Beyond Freedom and Dignity,* 1971一書中，他斷言我們的選擇乃基於過去我們在周遭曾發生過的事情而定，換言之，我們的行為因先前事件的反應而得增強（Cangelosi, 1988; Charles, 1989; Edwards, 1993；金樹人，民83）。

　　Charles（1989）指出：許多教師從B. F. Skinner的研究中獲得很大的啟示，以增強原則和程序，作為控制並促進學生行為的一種手段，進行其有效地班級經營，來教導他們的學生在教室裡的有

效學習活動。以下從目的、基本假定、有效的班級經營策略、優點、
缺點等方面，歸納B. F. Skinner的「Behavior Modification」的
班級經營策略研究理論，如**表6-1**所示（Cangelosi, 1988; Charles,
1989; Edwards, 1993；金樹人，民83）。

表 6-1　「Behavior Modification」的班級經營策略研究

項　目	重要內容
代表的人物	B. F. Skinner（1904 - 1990）
目　的	探討教師如何使用增強原則和程序，來教導與經營他們的學生在教室裡的學習活動。
基本的假定	(1)人生而如白板(blank slates)，他們沒有意願。 (2)人基本是外在刺激的反應者，他總是藉由環境影響來滿足他們的需求。 (3)學生要獲得正確的行為，必須經由教師的指導。 (4)學生必須藉由教師正確地安排增強活動與經營，才能夠學會自我開展。 (5)假使人類的行為不能被正當的經營，則紀律問題、犯罪、貧窮、戰爭、社會問題將不斷地增加。
有效的班級經營策略	(1)正確行為的塑造：包括特別規則的澄清、忽視不一致的行為、稱讚遵守規則的學生。 (2)提供增強刺激：當學生表現出正確行為，應立即受到獎賞，妥善利用各種增強刺激物。 (3)利用漸次接近的原則：教師對於學習的事物和行為，以漸進的方式，給予增強幫助學生學習進步。 (4)交替使用連續增強與間歇增強，維持學生的努力。 (5)妥善少用各種處罰措施，代之以各種增強原則。

（續）表 6-1　「Behavior Modification」的班級經營策略研究

項　目	重要內容
優　點	(1)簡單易於使用；其結果具立即效果。 (2)可以調整大部分教師的意願去維持教室管理。 (3)當學生獲得獎賞時，能感到學習成功的愉悅。 (4)對學生而言，行為的標準是獨特、一致和清晰的。 (5)時間不會花費在討論教室規則和學生管理上。 (6)對所有學生而言，行為塑造原則皆可適用。 (7)實施程序已有很多研究與結果，可作為參考之用。
缺　點	(1)行為塑造的結果不可能持久不變。 (2)當獎賞到終點時，學生可能還沒表現可欲的行為。 (3)學生不可能學會如何管理他們自己的行為。 (4)對一些教師而言，這種方法似乎太像是行賄。 (5)它忽視了家庭、社會及學校的影響力。 (6)在民主社會裡使用太多的控制是不合於倫理的。 (7)學生無法獲得釐清情緒、權衡輕重、抉擇的決定及發展他們的知識。

二、L. Canter 的「Assertive Discipline」對於班級經營策略研究的貢獻

　　L. Canter 是兒童輔導方面的專家。他曾經在好幾家以青少年行為問題為主的兒童輔導機構工作，現在是「Assertive Discipline」中心的主任。他的研究以良好教室控制之教師特質為主，特別是如何建立一套有效的班級經營系統，稱之為「Assertive Discipline」。在1970年代中期，他開始介紹這種方法，廣泛地受教教師

和行政管理者的讚譽;到了1980年代,美國大約有十萬多位教師和學校行政管理者,在 L. Canter及助手的訓練下,習得「Assertive Discipline」的班級經營策略。其名著*Assertive Discipline: A Take Charge Approach for Today's Educator*即是介紹果斷常規訓練是教師在班級經營的重要策略,它提供一種平穩、有力的方式,讓教師與學生在教室積極、有效的相處,使得學生在最佳的班級氣氛中成長與茁壯 (Cangelosi, 1988; Charles, 1989; Edwards, 1993;金樹人,民83)。

Charles (1989) 指出:許多教師從 L. Canter 的班級經營訓練中獲得很大的幫助,以「Assertive Discipline」原則和程序,作為教室控制、管理,並促進學生行為的一種手段,進行其有效地班級經營,來教導他們的學生在教室裡的有效學習活動。以下從目的、基本假定、有效的班級經營策略、優點、缺點等方面,歸納L. Canter 的「Assertive Discipline」的班級經營策略研究理論,詳如**表6-2**所示 (Cangelosi, 1988; Charles, 1989; Edwards, 1993;金樹人,民83)。

三、J. Kounin的「The Kounin Model」對於班級經營策略研究的貢獻

J. Kounin 1912年在美國俄亥俄州出生,1939年在愛荷華州立大學取得博士學位,其後一直在教育心理學領域貢獻心力。J. Kounin曾多次在美國心理學會、美國教育學會發表研究成果,也曾在於幾所大學擔任教授。他的名著*Discipline and Group Management in Classroom*乃是集二十多年的研究成果而成的一本書,在

表 6-2 「Assertive Discipline」的班級經營策略研究

項　目	重要內容
代表的人物	L. Canter
目　的	探討教師如何使用果斷的常規訓練，以一種積極的力量來提供學生最佳的學習氣氛支持學生的需要，使有不良行為的學生改過向善。
基本的假定	(1)學生必須被嚴格要求遵從教室規則。 (2)決定教室規則並不是經由學生的期望和遵從，而是來自教室果斷地教室常規之維繫。 (3)懲罰可使學生避免壞行為，追求好的教室行為。 (4)好的行為也可為藉由正增強加以鼓勵。 (5)為了正確的班級經營，家長、學校行政人員必須協助教師強力執行教室常規。
有效的班級經營策略	(1)建立教室常規，教師清楚地與學生溝通期望，並確實執行，以維持一個高效率的學習環境。 (2)辨認並移走果斷常規訓練的障礙，練習使用果斷的方式，直到運用自如地處理學生問題。 (3)使用限制去實行教室規則，與學生相互約定但不恐嚇，預先設定評判標準，讓學生選擇適當的結果。 (4)建立實行一套積極果斷的影響系統，增加學生的影響力，減少問題行為數量，使教室氣氛更為積極。
優　點	(1)簡單易於使用。 (2)教師的願望可以被強力地加以執行。 (3)教室常規的訓練成員，包括家長和學校行政人員。
缺　點	(1)懲罰可能造成不可欲的邊際效應。 (2)在黑版上寫出不守規矩學生藉以警告，可能使一些學生改過，但一些學生仍不改過。 (3)學生可能集體地製造困擾給教師。 (4)學生對警告和限制的生氣，可能進一步反抗平常教室規定的遵守。 (5)這種方法無法推動學生的自我引導。

研究如何處理學生的不良行為，其發現了在團體中普遍地存一種「漣漪效應」（ripple effect）。之後，他繼研究「漣漪效應」，接著又進行一些有關懲戒與團體管理技術的研究，拍攝了八十個小學班級上課錄影帶，並分析這數千小時的錄影帶，從中發現出了幾個使學生更專心學習，並且能減少不良行為的班級經營策略即「The Kounin Model」，期望能使教室成為產生最佳學習效果的場所（Cangelosi, 1988; Charles, 1989; Edwards, 1993）。

Charles（1989）指出：許多教師從J. Kounin的班級經營策略模式中獲得很大的啟示，以「漣漪效應」、「同時處理」、「掌握全局」、「進度管理」、「團體焦點」、「避免厭煩」的原則和程序，作為控制並促進學生行為的一種手段，進行其有效地班級經營，來教導他們的學生在教室裡的有效學習活動。以下從目的、基本假定、有效的班級經營策略、優點、缺點等方面，歸納J. Kounin的「The Kounin Model」的班級經營策略研究理論，如**表6-3**所示（Cangelosi, 1988; Charles, 1989; Edwards, 1993；金樹人，民83）。

四、F. H. Jones的「The Jones Model」對於班級經營策略研究的貢獻

F. H. Jones是一位心理學家，也是美國加州 Santa Cruz 的班級經營訓練計畫的總指導者，這個機構旨在發展及促進教師的影響力。F. H. Jones提倡的班級經營策略「The Jones Model」，起初是根據他在UCLA醫學中心與Rochester大學醫學院擔任教師的教學經驗研究發展而成。其名著*Postive Classroom Discipline*特

表 6-3　「The Kounin Model」的班級經營策略研究

項　目	重要內容
代表的人物	J. Kounin（1912-　）
目　的	探討教師如何使用 Kounin 所提供的班級經營技巧，建立一個有效率的教室環境，並促進學生的學習效果。
基本的假定	(1)教師對學生的負向或正向的行為，都會散發和影響周圍的學生，稱為「漣漪效應」。 (2)學生們需要被他們的教師所管理。 (3)教師自始至終都必須表現出明確和堅持的管理態度，直到學生不再表現不良的行為止。 (4)教師可以用掌握全局的方式來推展他的班級經營。 (5)處罰學生要讓學生明確地知道那些行為是不被接受的，並且列舉出可以確認的處罰原因。 (6)有效的班級經營，依賴不斷重覆某種活動，減低學生發生錯誤。 (7)在教室裡教師應避免以粗暴的行動維持班級紀律。 (8)暫停教學去處理班級紀律問題，只會增加其他問題，教師應使用同時處理原則，同時處理多項問題。
有效的班級經營策略	(1)瞭解教室每個角落中任何時間發生的事情，且能把經營策略這些訊息傳達給學生。 (2)教師應能同時處理多項問題，例如各自作業的學生知道教師在注意他們，且能處理他們的問題，就比較能夠專心做功課。 (3)在學生問題偏差行為變得更嚴重前就應予以糾正。 (4)有效地使用「漣漪效應」。 (5)有效的進度管理能夠引發及維持流暢的課程進行。 (6)使學生時時警惕及提高責任感以維持團體注意力。 (7)讓學生感受到學習的進步，使課程富挑戰性、變化性，以免學生對課程感到厭煩。

（續）表 6-3　「The Kounin Model」的班級經營策略研究

項　目	重要內容
優　點	(1)這個模式是奠基於班級經營的實證研究。 (2)展示教師正向和負向影響力可以擴展教師注意力。 (3)提供許多班級經營技術，讓教師進行有效教學。 (4)強調同時處理原則的重要性能正當處理班級問題。 (5)關心在教室中的所有情況，提高教師的專業形象。
缺　點	(1)這個模式可能僅限於使用在教室活動期間，無法推廣到教學方法上。 (2)這個模式只告訴教師如何避免一般問題，但未教導教師如何解決嚴重的問題。 (3)這個模式並沒有設計幫助學生學習去為他們個人的行為負責任。

別是針對學生的動機與管理方面的問題，有系統地以「肢體語言」、「獎勵制度」、「有效的幫助」，構成「The Jones Model」班級經營策略的核心部分，並利用其「金字塔形」的訓練體系來推廣其方法，先訓練一批教師，再由這些教師去訓練其他更多的教師，期望能使教室成為產生最佳學習效果的場所（Cangelosi, 1988; Charles, 1989; Edwards, 1993）。

　　Charles（1989）指出：許多教師從F. H. Jones的班級經營策略模式與訓練計畫中獲得很大的幫助，以「肢體語言」、「獎勵制度」、「有效的幫助」的原則和程序，作為控制並促進學生行為的一種手段，進行其有效地班級經營，來教導他們的學生在教室裡的有效學習活動。以下從目的、基本假定、有效的班級經營策略、優點、缺點等方面，歸納F. H. Jones的「The Jones Model」的班

級經營策略研究理論，如**表6-4**所示（Cangelosi, 1988; Charles, 1989; Edwards, 1993；金樹人，民83）。

表 6-4　「The Jones Model」的班級經營策略研究

項　　目	重要內容
代表的人物	F.H. Jones
目　　的	探討教師如何有效地使用他們的肢體語言、獎勵制度、有效的個別幫助、座位編排，營造良好的班級氣氛，促進學生的學習效果。
基本的假定	(1)學生需要被教導正當的行為。 (2)教師可以藉由非語言行為和動作帶領他的學生，達成良好的班級經營。 (3)減少學生在課堂上學習時間的損失，讓他們把時間花費在有用的學習活動之上。 (4)增強好的行為，將提高其良好行為出現的頻率。 (5)在班級經營時，家長與學校行政人員應協助教師訓練學生良好的行為。 (6)停止教學去處理班級常規問題，有助於減少學生違規問題的發生。
有效的班級經營策略	(1)瞭解教室的結構、訂規則，使學生專心上課，減少學生的不良行為及時間的損失。 (2)有效地使用肢體語言，如眼神接觸、身體接近、身體姿勢、面部表情、手勢，使學生專心上課。 (3)利用獎勵制度來引發學生的動機，使學生因喜歡獎勵而勤奮地學習。 (4)安排教室中的座位，使教師很容易走到學生身邊，提供有效的幫助。 (5)要建立不良行為的處理法則，隨時注意，但避免使用恐嚇的方式。

（續）表 6-4　「The Jones Model」的班級經營策略研究

項　目	重要內容
優　　點	(1)這個模式有一套步驟處理班級經營的問題。 (2)能正確地告訴教師如何應用班級經營的技術。 (3)教師的角色定位相當的明確清楚。
缺　　點	(1)這個模式沒法促進學生自動化。 (2)這個模式對一些教師應用特別的技術是相當困難。 (3)有些教師不希望與學生肢體太過接近。 (4)學生喜愛的活動並不一定具有教育意義。

第三節　轉變期

一、R. Dreikurs的「Logical Consequences」對於班級經營策略研究的貢獻

　　R. Dreikurs 1897年在奧國維也納出生，自維也納大學獲得醫學學位後，即開始與著名的精神醫學家A. Adler長期合作研究家庭諮商與兒童諮商。1937年移居美國，擔任芝加哥大學Adler研究所的指導者，並擔任芝加哥大學醫學院的精神醫學教授，繼續在其生涯研究家庭與兒童諮商，之後其對於班級經營此一領域也貢獻許多的心力。其名著*Psychology in the Classroom, 1968*、*Discipline without Tears, 1972*、*Maintaining Sanity in the Classroom ,*

1982是為了有效幫助教師解釋學生行為背後的動機,並提供教師處理學生不良行為的資訊。此系列著作,使得 R. Dreikurs成為教室行為領域的知名專家,其「Logical Consequences」班級經營策略,是教師進行輔導以幫助學生產生自我控制,促進合作與團隊努力的感覺,從中使學生更專心學習,並且能減少不良行為,期望能使得教室成為產生最佳學習效果的場所 (Cangelosi, 1988; Charles, 1989; Edwards, 1993;金樹人,民83)。

Charles (1989) 指出:許多教師從R. Dreikurs的「Logical Consequences」的班級經營策略模式中獲得很大的啟示,以「行為動機」、「教室常規」、「教師風格」、「相互尊重」、「合理邏輯」的原則和程序,作為控制並促進學生行為的一種手段,進行其有效地班級經營,來教導他們的學生在教室裡的有效學習活動。以下從研究之目的、基本假定、有效的班級經營策略、優點、缺點等方面,歸納R. Dreikurs的「Logical Consequences」的班級經營策略研究理論,如**表6-5**所示 (Cangelosi, 1988; Charles, 1989; Edwards, 1993;金樹人,民83)。

二、W. Glasser的「Reality Therapy & Control Theory」對於班級經營策略研究的貢獻

W. Glasser 1925年在美國俄亥俄州出生,是一位著名的精神病醫師,他在精神醫學和教育學兩方面的研究與成就都得到國際上的肯定。1965 年 W. Glasser 出版了 *Reality Therapy: A New Approach to Psychiatry,* 1965一書,提出處理行為問題的重心,應該注意現在,是情境的、真實的,而不是想辦法去發現造成不良行

表 6-5　「Logical Consequences」的班級經營策略研究

項　目	重要內容
代表的人物	R. Dreikurs（1897 - 1972）
目　的	探討教師如何有效地使用邏輯的順序，有效地解釋學生之行為背後的動機，提供處理學生問題行為的資訊，塑造良好班級氣氛，促進學生的學習效果。
基本的假定	(1)學生不良行為的動機，包括獲得注意、尋求權力、尋求報復、表現無能四種需求。 (2)假使學生的動機獲得注意的滿足，不良行為所聯結的其他動機將不會再出現。 (3)不良的行為可以藉由教師幫助學生發現合理滿足他們需求的方法而被終止。 (4)學生可以經由瞭解他們的動機和順序，藉由教師的幫助去減少不良的行為。 (5)當學生瞭解行為的邏輯順序，他們在教室的行為會表現的更適當。
有效的班級 經營策略	(1)教室常規不是處罰，而是教導學生能自我約束的邏輯順序。 (2)民主的教師提供穩定的輔導與領導，並允許學生在教室規則時有發言權、決定權。 (3)每位學生都有歸屬的需求，他們需要身份地位與認可，教師應協助他們，並導正他們錯誤的行為。 (4)教師應該能確認學生錯誤的行為目標，並給了增強，盡力鼓勵學生的努力。 (5)教師要讓學生知道，不良的行為總是會引來令人不愉快的結果。

（續）表 6-5　「Logical Consequences」的班級經營策略研究

項　　目	重要內容
優　　點	(1)它能提高學生自動化的層次。 (2)它幫助學生瞭解爲何正當的行爲應該如此去做。 (3)它幫助學生學習去修正自己的行爲。 (4)它提高學生和教師個人的自尊。 (5)它以合理的邏輯順序去取代懲罰與系統化的增強。 (6)它幫助教師在採取行動之前先瞭解學生行爲原因。
缺　　點	(1)教師對於學生實際的動機難以判定。 (2)學生可能不承認他們真正的動機。 (3)教師可能發現學生在非控制的狀況下很難對付。 (4)教師可能難以處理和學生複雜的對話問題。

爲的過去情況，並且指出精神科醫師應該關切的，也正是患者現在的眞實性。之後W. Glasser把他「Reality Therapy」擴展到學校，他的著名的作品 *Schools without Failure,* 1969、*Controll Theory in the Classroom,* 1986、*The Quality School,* 1990使他進一步確信：教師可以幫助學生在學校行爲上做較好的選擇。在教師的班級經營上，W. Glasser堅持教師絕不應該原諒學生的惡劣行爲，且貧困的背景或不良的生活情況也不能免除學生在學校應負的學習責任與端正的行爲。其「Reality Therapy & Control Theory」班級經營策略，是教師進行輔導以幫助學生產生自我控制，促進合作與團隊努力的感覺，從中使學生更專心學習，並且能減少不良行爲，期望能使得教室成爲產生最佳學習效果的場所（Cangelosi, 1988; Charles, 1989; Edwards, 1993；金樹人，民83）。

　　Charles（1989）指出：許多教師從W. Glasser的「Reality

Therapy & Control Theory」的班級經營策略模式中獲得很大的啟示，以「交付責任」、「建立班規」、「價值判斷」、「適當選擇」、「合理結果」的原則和程序，作為控制並促進學生行為的一種手段，進行其有效地班級經營，來教導他們的學生在教室裡的有效學習活動。以下從研究之目的、基本假定、有效的班級經營策略、優點、缺點等方面，歸納W. Glassers的「Reality Therapy & Control Theory」的班級經營策略研究理論，詳見於**表6-6**所示 (Cangelosi, 1988; Charles, 1989; Edwards, 1993；金樹人，民83)。

表 6-6 「Reality Therapy & Control Theory」的研究

項　目	重要內容
代表的人物	W. Glassers
目　的	探討教師如何有效地使用理性治療去改正學生不被接受的行為，並且藉由訂定班規確實身體力行，強調學生的責任，塑造良好班級氣氛，促進學生學習效果。
基本的假定	(1)人類基本上是自律且能學習管理他們自己的行為。 (2)學生必須學習為自己的行為負責，並且為他們的行為和影響作價值判斷。 (3)學生有偏差行為時，不接受學生的任何藉口。 (4)人類行為的任務，包括每一個人愛、權力、自由、興趣等需求的滿足。 (5)每一個人都有其獨特的需求滿足方法。 (6)當兒童確信其最好的需求滿足後，他們會意志堅定絕不放棄。

（續）表 6-6　「Reality Therapy & Control Theory」的研究

項　目	重要內容
有效的班級 經營策略	(1)班級經營的首要策略是不斷地強調學生的責任。 (2)建立班規以促進班級與學生個人的成功學習。 (3)學生有偏差的不良行為時，教師不可接受學生的任何藉口，教師應要求學生對其偏差行為做價值判斷，並協助學生對不良行為，找出適當的替代行為。 (4)要求保證，使每個學生選擇了行為之後，都能夠自然伴隨著合理的結果。 (5)對於合理的抉擇，意志堅定絕不放棄。 (6)在班會上經常檢討班規、責任和班上的問題。
優　點	(1)它能提高學生高層次的自動化和責任感。 (2)它幫助學生對行為後果有寬廣的瞭解。 (3)它允許學生決定他們的班規問題。 (4)它幫助學生瞭解他們的需求，並合理的滿足需求。 (5)它可以幫助教師避免學生的反抗行為。 (6)問題行為可以在班會時被討論解決，並使學生更瞭解處理不同班規問題的方法。
缺　點	(1)對教師而言，不用控制去滿足學生的需求很困難。 (2)如何適當地去處理溝通學生的不良行為也很困難。 (3)如何鼓勵學生不為自己不良行為找藉口也很困難。 (4)班會可能要花相當多的時間，才能處理一些問題。 (5)如何幫助學生做計畫去改善他們的行為也很困難。

三、E. Berne & T. Harris的「Transactional Analysis」對於班級經營策略研究的貢獻

　　E. Berne是美國加州著名的精神病醫師，他在精神醫學方面的研究與成就受到國際的肯定。E. Berne是「Transactional Analysis」的創始者，他使用「Transactional Analysis」的方法治療行為異常的患者相當成功，他發現用微弱的電流衝擊刺激腦部的不同部位，會喚起患者過去的生活經驗影像，這些在下意識的生活經驗影像，對於一個人日後表現的行為影響很大。T. Harris是美國加州DeWitt州立醫院的教育指導者（Director of Education），他與E. Berne共事研究十年，出版了*I'm OK—You're OK*, 1967介紹「Transactional Analysis」的原理原則，並且以「Transactional Analysis」的方法，花一整年的時間分析所有《紐約時報》最好的推銷員，他發現人類的行為模式是來自早期生活觀察和互動的經驗，存放於腦裡以備將來的使用。在兒童的成長歷程，他們吸收了其他兒童和成人的經驗，例如，從父母和兄弟姊妹的互動，這些互動的經驗和感覺，都可以提供兒童將來面對類似情境使用的模式。之後T. Harris這本廣受大眾喜愛的書擴展到學校，教師可以藉由「Transactional Analysis」方法的幫助，協助學生在學校行為上做較好的選擇，學習責任與端正的行為。其「Transactional Analysis」班級經營策略，是教師進行輔導以幫助學生產生自我控制，促進合作與團隊努力的感覺，從中使學生更專心學習，並且能減少不良行為，期望能使得教室成為產生最佳學習效果的場所（Edwards, 1993）。

Edwards（1993）指出：許多教師從E. Berne & T. Harris
發展的「Transactional Analysis」班級經營策略模式中獲得很大
的啓示，以「自我形像」、「班規訂定」、「角色扮演」、「價值
判斷」、「適當選擇」的原則和程序，作爲控制並促進學生行爲的
一種手段，進行其有效地班級經營，來教導他們的學生在教室裡的
有效學習活動。以下從研究之目的、基本假定、有效的班級經營策
略、優點、缺點等方面，歸納E. Berne & T. Harris的「Tran-
sactional Analysis」的班級經營策略研究理論，詳見於**表6-7**所示
（Edwards, 1993）。

四、H. Ginott的「The Ginott Model」對於班級
經營策略研究的貢獻

H. Ginott 1922年在以色列特拉維夫出生，1952年在美國哥倫
比亞大學取得博士學位，便在紐約大學擔任心理學與心理治療的教
授，並且擔任以色列在聯合國教育科學文化組織的諮詢顧問，其研
究主題以人際溝通爲主，早期重視「親子之間」、「父母與青少年
之間」等親子間溝通障礙的解決方法。H. Ginott相信父母所說的話
會影響兒童的自尊，爲了嘗試使影響爲正向的，他發展出一些特別
的技巧以處理親子間的衝突，其強調一個基本原則「對事不對人」
的處理方法。之後H. Ginott把這些概念推展到班級經營的研究，強
調教師就像父母一樣，有能力建立或破壞兒童的自我概念。其名著
Teacher and Child, 1971即是提供教師建立一個安全、人本主義
的、建設性教室環境的溝通技巧，使學生更專心學習，並且能減少
不良行爲的班級經營策略即「The Ginott Model」，期望能使教

表 6-7　「Transactional Analysis」的班級經營策略研究

項　目	重要內容
代表的人物	E. Berne & T. Harris
目　的	探討教師如何有效地使用自我形象的發展與影響，透過藉由學生對班規訂定及反應，經由自我形象的轉型分析瞭解，塑造良好班級氣氛，促進學生學習效果。
基本的假定	(1)行為的學習是在與他人互動的情況之中建立的。 (2)在生活中我們大部分的經驗都記錄於下意識之中。 (3)藉行為設計控制接近自動化係來自父母自我形象。 (4)自我中心與充實，來自兒童的自我形象。 (5)經由學習在兒童自我形象和父母自我形象中的成人自我形象，能讓兒童學習更有責任感，在日常生活中選擇自動化的行為。
有效的班級經營策略	(1)班級經營的首要策略是讓學生瞭解三種不同的自我形象：父母、成人、兒童。 (2)瞭解生活中的四個位置： I'm Not OK-You're OK. I'm Not OK-You're Not OK.　 I'm Not OK-You'reOK. I'm OK-You're OK. (3)要求分析轉換自己的位置：再認知自我形象、避免互相矛盾的轉換、站在成人自我形象的位置。 (4)接受人類基本需求的可能性，及接受他人。 (5)增進成人的力量，更合理地轉換父母和兒童形象。 (6)讓學生在遊戲中扮演，教師從旁協助學生的扮演。
優　點	(1)它來自一個很好的文件分析基礎，建基於下意識。 (2)它能提高學生自我分析和自我校正的能力。 (3)把學生個人的生活應用到班級活動之中。 (4)經常進行人際關係之扮演，可避免兒童破壞行為。 (5)幫助兒童瞭解他們自己和他人的關係。 (6)它在班級裡提供學生一個溝通與瞭解的架構。

（續）表 6-7　「Transactional Analysis」的班級經營策略研究

項　目	重要內容
缺　點	(1)對學生從父母、兒童自我象找到自動化行為很因難。 (2)它不能被應用到經由語言溝通的紀律問題。 (3)它可能無形間鼓舞學生對別人進行心理分析。 (4)學生可能尚未具備足夠的語言、認知技能、推理能力，來使用這項技術。 (5)辨認父母、兒童、成人的能力，對學生而言是相當困難的事情。

室成為產生最佳學習效果的場所（Cangelosi, 1988; Charles, 1989; Edwards, 1993）。

　　Charles（1989）指出：許多教師從H. Ginott的班級經營策略模式中獲得很大的啓示，以「常規訓練」、「和諧溝通」、「適切訊息」、「避免標記」、「適當引導」、「建立自尊」的原則和程序，作為控制並促進學生行為的一種手段，進行其有效地班級經營，來教導他們的學生在教室裡的有效學習活動。以下從目的、基本假定、有效的班級經營策略、優點、缺點等方面，歸納H. Ginott的「The Ginott Model」的班級經營策略研究理論，如**表6-8**所示（Cangelosi, 1988; Charles, 1989; Edwards, 1993；金樹人，民83）。

表 6-8 「The Ginott Model」的班級經營策略研究

項　目	重要內容
代表的人物	H. Ginotts
目　的	探討教師如何提供一個對學習有幫助的環境，教師必須知道學生的感覺、及自己所傳達的訊息對學生的感情與自尊有很大的影響，進行良好的班級經營。
基本的假定	(1)教師必須以瞭解、仁慈和尊重的態度，去引導學生正確的行為。 (2)教師的自律是教室常規中最重要的部分，教師應正向與學生溝通，藉以提高學生的自我概念。 (3)學生必須學習自動化和負責任的態度。 (4)接受和釐清學生情緒，將可提高班級經營效率。 (5)讚美的不正當使用，將會造成鼓勵學生的依賴性。 (6)處罰將會造學生的行為失控。 (7)譏諷學生會造成學生反抗。 (8)提昇學生的合作學習，可以增強良好的班級常規。
有效的班級經營策略	(1)教師應該使用和諧溝通，傳達適切的訊息，針對情境而非學生的人格特質。 (2)教師適當地表達憤怒，不要傷害學生的人格尊嚴。 (3)教師邀請學生合作，增進學生自我選擇能力。 (4)教師應該嘗試去接納和瞭解學生的感受，進而處理學生所遭遇的問題。 (5)教師應該開放眼光，不要以標記來限制學生發展。 (6)以引導正確的行為，矯正學生不良行為。 (7)避免使用譏諷、注意讚美的危險，進行教室常規的訓練，建立學生自我導引和責任感。

（續）表 6-8　「The Ginott Model」的班級經營策略研究

項　目	重要內容
優　點	(1)注意學生自我概念的發展可以避免常規的問題。 (2)它能幫助教師避免遇到學生的反抗。 (3)鼓勵學生和教師建立正向的人際關係。 (4)它強調學生的建立自動自發的精神。 (5)它提供了許多有意義的預防班級常規問題的方法。
缺　點	(1)它是一長串可以、不可以的表格，有點太煩瑣。 (2)它處理班級常規問題時，沒有特別的步驟可遵循。

五、F. Redl & W. W. Wattenberg 的「The Group Dynamics Model」對於班級經營策略研究的貢獻

　　F. Redl 1936年由澳州移民至美國，他曾在韋恩州立大學擔任行為科學方面的治療師、研究員及教授，在1973年任紐約州立大學犯罪防治系的諮詢顧問，處理犯罪少年的偏差行為，後來將其經驗移轉至教室紀律的研究，出版了《今日的兒童紀律》、《當我們面對孩子》等書。W. W. Wattenberg 1936年獲得美國哥倫比亞大學博士學位，他的專長是教育心理學，曾分別任教於美國西北大學、芝加哥師範學院及韋恩大學，其著作包括《青春年華》、《人生而平等》，都是在探討人的行為心理與社會力量。F. Redl 與 W. W. Wattenberg於1959年合著《教學的心理衛生》（*Mental Hygiene in Teaching,* 1959）一書中對教室中影響行為心理與社會力量提出精闢的見解，特別是在常規技術方面，他們大概是最早將維持教

室秩序及加強學生情緒發展的技術提供老師們的學者 (Charles, 1989；金樹人，民83) 。

Charles (1989) 指出：許多教師從「The Group Dynamics Model」的班級經營策略模式中獲得很大的啟示，以「瞭解教室裡的團體生活」、「團體動力」、「影響技術」、「支持自我控制」、「情境協助」、「評估現狀」、「快樂—痛若」的原則和程序，作為控制並促進學生行為的一種手段，進行其有效地班級經營，來教導他們的學生在教室裡的有效學習活動。以下從目的、基本假定、有效的班級經營策略、優點、缺點等方面，歸納F. Redl & W. W. Wattenberg的「The Group Dynamics Model」班級經營策略研究理論，如**表6-9**所示 (Charles, 1989；金樹人，民83) 。

第四節　充實期

近十餘年來，許多學者致力於教師整體班級經營的研究，以前述最富聲望的J. Kounin而言，其晚年的研究方向開始轉而注意，如何把班級的學生及活動妥善地加以組織，以便開創有利師生工作學習的最佳環境 (Kounin, 1970) 。此一轉變為班級經營領域的研究和理論，帶來了新的焦點，「Classroom Knowledge Research」的班級經營策略觀點應運而生 (Doyle, 1986) 。並且，Doyle (1990) 更進一步指出：不論如何將教室活動加以分類，班級知識應該是導引教師班級經營的核心，其內涵包括：(1)班級經營策略應以班級活動為主體；(2)班級經營應以班級活動順遂為目標；(3)班級

表 6-9 「The Group Dynamics Model」的班級經營策略研究

項　　目	重要內容
代表的人物	F.Redl & W.W.Wattenberg
目　　的	探討教師如何提供一個對學習有幫助的環境，教師必須運用團體動力的察覺來加強班級管理，瞭解學生行為衝突背後的基本原因，以及學生的動機，成功地管理教室常規，進行良好的班級經營。
基本的假定	(1)個人在團體中所表現的行為可能和個人在獨處時的行為不一樣，教師必須能覺察到團體行為的特徵。 (2)團體會創造出自己的心理動力而影響個人行為，教師對必須瞭解團體如何影響教室活動。 (3)教師必須運用影響技術維持團體控制。 (4)教師必須運用情境協助，提高學生自我控制力。 (5)教師必須評估瞭解學生不良行為的潛在因素，及預見可能的結果，進而能給予學生鼓勵、設限。 (6)處罰必須是萬不得已才為之，因為處罰容易產生副作用。
有效的班級經營策略	(1)教師應該瞭解教室裡的團體生活，包括領袖、小丑、烈士、教唆者等角色，並蒐集重要的各類資訊。 (2)教師適當地使用團體動力，瞭解學生的心理動力。 (3)教師運用教室裡的診斷性思考，如第一預感、蒐集事實、隱藏因素、具體行重及保持彈性等方法。 (4)有效運用影響技術，如支持自我控制、提供情境的協助、現實的評估、訴諸痛苦快樂原則、威脅與預警等技術。
優　　點	(1)在設定標準與決定結果時能給予學生發言權。 (2)隨時隨地將學生的情緒健康放在心上。 (3)幫助學生而不是傷害學生。 (4)提出懲罰不是萬靈丹的觀念，提醒教師先嘗試使用其他的方法。
缺　　點	(1)它是一連串的心理分析與診斷的程序有點太煩鎖。 (2)它處理班級常規問題時，沒有特別的步驟可遵循，教師必須要有很高的察覺力與領悟力。

經營應以課業完成爲結果。根據單文經（民83）研究指出：以傳統方式建立的教學專業知識體系，對於班級的知識雖然明顯的有所忽略，甚至忽視或貶低，但事實上，班級脈絡（Classroom context）與班級實務（Classroom practice）所衍生出來的班級知識已是最具「實用智慧」（wisdom of practice）性質的知識，是建構教專業知識的重要根基。

再以其他班級經營策略研究而言，近來亦有逐漸重視班級知識研究的趨勢，對於教學效能評量（effectiveness of teaching）、情境認知方面的研究（situational cognition）與知識結構（knowledge structure）等多項與班級知識有密切關聯的主題有所探討。例如，Borich（1990）以觀察技巧探討教學效能及教師班級知識與經營的問題；Connelly & Clandinin（1986）指出班級經營是一項複雜的認知活動，班級知識的基礎建立在於以教室爲情境的脈絡中；Broudy（1990）從教師教學的研究，發現教師班級知識的擁有，是不斷經由個案知識累積經驗而成的知識結構，作爲新個案問題解決的最佳參考，對於班級經營策略研究與理論的推展均有重大貢獻。

綜觀上述班級經營策略理論研究的發展軌跡，可發現班級經營研究雖因發展時日尚短，仍有許多課題值得進一步加以探討。但在研究上確已具有相當深厚的理論基礎，與具體班級經營策略訓練措施，其間乃因無數有識之士，投入龐大經費與人力從事各方面的基礎研究，致有此種成果。因此，班級經營研究理論發展歷史軌跡的探究，實值得本研究作爲探討「教師班級經營策略研究」借鑑之處。

班級經營策略的評鑑與自我檢核

班級是一個具有特色、複雜的小社會，也是為實施教學所設置的有系統教育型態，例如，學生學業的成就、社會人際關係的技巧、健全人格的發展等都是受到教師班級經營策略的影響。但是，教師應具備哪些班級經營策略？班級經營策略的內容應包括哪些？教師如何覺察其班級經營策略現況？無疑的，建立一個客觀評量的檢核表以作為教師進行評鑑與自我檢核的參照標準是非常必要的。

　　據此動機及需要，筆者研究發展出一套適切的教師班級經營策略量表，作為實施教師班級經營評鑑指標與教師班級經營策略自我檢核之參考（陳木金，民86）。

第一節　班級經營策略的向度內容與變項分析

　　詹為淵（民82）編製「高級職業學校導師對班級經營實施現況調查問卷」，其主要目的在測量高職導師的班級經營實施情形，包括班級常規輔導方面、學生自治活動方面、班級情境佈置方面，來瞭解教師班級經營策略的情形。

　　張德銳（民83）編製「教室管理與紀律調查問卷」，其指出良好的教室管理與紀律，至少含蓋四個部分：(1)妥善佈置教室環境，以增進學習效果，共六題；(2)建立教室常規和程序，激發兒童自治自律，共五題；(3)有效運用獎賞手段，增強兒童良好行為，共六題；(4)謹慎運用處罰手段，制止兒童不當行為，共六題。

　　陳雅莉（民83）編製「班級環境知覺量表」，其主要目的在測量班級氣氛。其內容共四十四題，包括滿意層面、團結層面、同儕

關係層面、衝突層面等四個向度,來瞭解教師班級經營策略的情形。

　　劉榮裕(民84)編製「班級經營領導模式問卷」,其主要目的在測量級任教師的領導模式。其內容共十五題,包括班級行政管理層面、教學管理層面、常規管理層面、環境管理層面、人際關係管理層面五個層面,來瞭解教師班級經營策略的情形。

　　Jones & Jones(1990)在《瞭解班級經營》一書第二章〈瞭解學生基本心理需求〉中,設計編製:(1)學生心理需求評量問,內容包括生理需求、安全、愛與隸屬、自尊、自我實現五部分共四十題;(2)管理學生需求結果調查問卷,共九題,來瞭解教師班級經營策略的情形。

　　陳木金(民86)研究指出:教室班級活動的內容繁雜,教師在班級活動中所要處理的事務很多,如何在進行班級經營時遵循一定的準則,如何適當而有效地處理班級中的人、事、物等各項業務,如何能夠營造良好師生關係,教師必須講求「班級經營策略」,進而維持一個有效率的學習環境。並將教師班級經營策略區分為六類:(1)安排教室環境策略;(2)建立和諧溝通策略;(3)監督學生活動策略;(4)建立教室規則策略;(5)善用獎懲增強策略;(6)處理不良行為策略,作為班級經營策略研究之向度。以下分別加以說明:

一、「安排教室環境策略」向度

　　在班級活動的過程中,Cangelosi(1988)指出如果把教室當作一個生活世界,教師就是創造或改變這個教室的主要人物。因此,教師如何運用安排教室環境的策略,以贏得學生的合作,增進教師

教學與學生學習的成效。例如，教師愈能審慎安排教室空間，進行一般教室佈置及單元教學活動佈置，並能善用積極肯定，發揮專業權威的人際影響力面對學生，進而創造良好的教室物理環境與人文環境，成為一位有效的班級經營者。

二、「建立和諧溝通策略」向度

在班級活動的過程中，Moore（1992）指出教學的目的在於使學生經由學習而獲得一切必備的知識和技巧，為達到此目的，教師與學生之間幾乎無時無刻不處於溝通的狀態。因此，教師在班級和學生互動的歷程之中，師生藉著溝通，彼此瞭解對方的意思和情感，進而形成和諧的人際關係。例如，教師愈能深度傾聽學生說話，有效進行接收技巧和傳送技巧，專注及運用建設性回饋技巧，以促進師生互動，成為一位有效的班級經營者。

三、「監督學生活動策略」向度

在班級活動的過程中，固然主要是靠語言來維繫師生的互動，傳達教學的內容，促進人際之間的溝通，不過非語文的溝通也是不容忽視的。如Bowers & Flanders（1990）把非語文溝通分為「人際距離」、「肢體動作」、「音韻節奏」。因此教師在班級經營的過程中，可資運用非語文策略，監督動靜得宜的學生活動。例如，教師愈能運用人際距離、目光接觸、面部表情、身體姿勢、手勢信

號、合宜的音韻、咬字清楚及暫停技巧，順利地掌握班級的狀況，成爲一位有效的班級經營者。

四、「建立教室規則策略」向度

在班級活動的過程中，學生的任何行爲都有其目標，舉凡品行良好身心健康的學生都瞭解，唯有遵守教室的規則，並且對班級團體有所貢獻。如Dreikurs（1957）指出教師如果要導正學生錯誤的目標，例如，「爭取注意」、「權力競爭」、「報復傷害」、「表現無能」，教師們必須建立教室規則，以導正學生之上述四項錯誤目標。例如，教師愈能建立教室常規導正學生目標，則能成爲一位有效班級經營者。

五、「善用獎懲增強策略」向度

在班級活動的過程中，學生亦普遍存有趨賞避罰的心理，教師若能善用獎懲與增強的原理，適當地安排獎勵和懲罰，則可在班級中獎善罰惡，例如，使用「行爲改變技術」，增強良好的行爲、消弱不當的行爲，以達成班級經營的目標。例如，教師愈能善用獎懲增強策略，使學生循規蹈矩，愉快且充實地進行各項班級活動，成爲一位有效的班級經營者。

六、「處理不良行為策略」向度

在班級活動的過程中，學生們偶爾會發生一些衝突或問題，乃是在所難免的。如果教師能妥善處理，則無論對於學生個人或班級團體，都提供了成長的機會。如Jones & Jones (1990) 指出教師無論處理那類型的問題，站在班級經營者的觀點皆應試著尋求最佳的解決方案，以便化解衝突、解決問題，達到雙贏的目標。例如，教師愈能處理學生個別問題、學生間問題、班級團體問題，以協助學生改正不良行為，進行良好的班級經營活動，成為一位有效能的班級經營者。

第二節　班級經營策略量表內容的建構

以實證研究探討班級經營策略量表的內容，其旨在根據文獻分析之教師班級經營策略之六向度：(1)安排教室環境策略；(2)建立和諧溝通策略；(3)監督學生活動策略；(4)建立教室規則策略；(5)善用獎懲增強策略；(6)處理不良行為策略，分別從文獻理論基礎分析、教室觀察、教師晤談結果，從六個向度個別的理論基礎，來建構六個向度的評量指標與變項，作為教師進行有效班級經營之參考。

因為各向度之評量指標與變項的發展，係根據各自獨立的理論基礎加以建構與分析。因此本研究擬採用六向度個別的方式，進行

因素分析、相關分析、項目分析、信度分析，然後再以驗證性因素分析作整體的分析，探討「教師班級經營策略總量表與六向度之測量模式」的適配情形，以瞭解這些向度測量班級經營策略總量表之適切性。最後根據分析結果，編製教師班級經營策略量表，作為建立教師班級經營評鑑指標與班級經營策略自我檢核之參考。

一、研究架構

根據文獻分析建構班級經營策略的六個向度：(1)安排教室環境策略；(2)建立和諧溝通策略；(3)監督學生活動策略；(4)建立教室規則策略；(5)善用獎懲增強策略；(6)處理不良行為策略，探討分析「班級經營策略」向度與變項，建構教師班級經營策略量表架構圖，詳見於**圖7-1**，編製「教師班級經營策略量表」。

二、「班級經營策略量表」的研究工具內容

■ 量表架構

本量表架構係以班級經營學者C. H. Edwards於1993年在《班級常規與經營》（*Classroom Discipline and Management*）一書之觀點為主要依據。其認為班級經營是教師運用多項技能：如安排教室環境、建立教室規則、處理不良行為、監督學生活動、選用獎賞與增強方法、訓練常規以維持一個有效率的學習環境，營造良

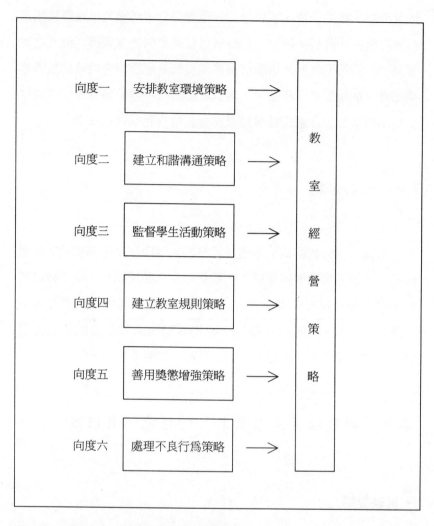

圖 7-1　教師班級經營策略量表架構圖

好師生關係，促進有效教學的方法。因此，教師必須妥善使用班級經營的策略，藉以增進團體的凝聚力，提高班級士氣，激勵學生的動機、興趣與努力，提昇教學效率與學習成功（Edwards, 1993），為發展本研究問卷架構之主要依據。其次參考班級經營研究學者觀點及其他班級經營測量問卷架構，如Carson & Carson（1984）、Curwin & Mendler（1980）、Dollar（1972）、Emmer（1987）、Good（1973）、Johnson & Bany（1970）、Jones & Jones（1990）、方炳林（民65）、朱文雄（民78）、李祖壽（民69）、李園會（民78）、吳清山（民79）、金樹人（民83）、單文經（民83）、曾燦燈（民85）、張秀敏（民84）、劉榮裕（民84）、劉佑星（民85）、熊智銳（民83）、鄭玉疊（民83）。

歸納其內容向度包括：

1. 安排教室環境策略：包括能審慎安排教室空間，進行一般教室佈置及單元教學活動佈置，並能善用積極肯定，發揮專業權威的人際影響力面對學生，進而創造良好的教室物理環境與人文環境。

2. 建立和諧溝通策略：包括教師愈能深度傾聽學生說話，有效進行接收技巧和傳送技巧，專注及運用建設性回饋技巧，以促進師生互動。

3. 監督學生活動策略：包括教師愈能運用人際距離、目光接觸、面部表情、身體姿勢、手勢信號、合宜的音韻、咬字清楚及暫停技巧，順利地掌握班級的狀況。

4. 建立教室規則策略：包括教師愈能建立教室常規，導正學生的目標。

5.善用獎懲增強策略：包括教師愈能善用獎懲增強策略，使學生循規蹈矩，愉快且充實地進行各項班級活動。

6.處理不良行為策略：包括教師愈能處理學生個別問題、學生間問題、班級團體問題，以協助學生改正不良行為，進行良好的班級經營活動等六層面，作為本研究問卷設計編製之主要架構理論基礎。

■ 編製研究問卷內容

基於上述的量表架構，依據理論基礎、相關研究與學校特性，著手編製，形成研究量表的初稿。依此訪問視導督學、現任中小學校長、教師兼主任、教師兼組長、科（專）任教師、級任教師（導師）等，集思廣益，以研修語句、探究語意及發現相關問題。

修正後，經由多次與學者專家研討、修改後、再商請現任中小學教師試測，期能語意清晰、語句順暢。經多次修改後，修正成「教師班級經營策略問卷向度及內容表」，包括：(1)安排教室環境策略十題；(2)建立和諧溝通策略十題；(3)監督學生活動策略十題；(4)建立教室規則策略十題；(5)善用獎懲增強策略十題；(6)處理不良行為策略十題，共計六十題，並組合成研究問卷。見**表7-1**。

■ 量表填答與計分

1.專家調查問卷：本調查問卷係採「適合」、「修正後適合」、「不適合」的選擇式量表，懇請專家學者撥冗填答「專家意見調查」，針對本研究問卷之代表性及意義性加以鑑定，提供寶貴意見，作為形成專家內容效度並修訂研究問卷。

表 7-1 教師班級經營策略量表向度及內容

(1)安排教室環境策略：是指教師能審慎安排教室空間，進行一般教室佈置及單元教學活動佈置，並能善用積極肯定，發揮專業權威的人際影響力面對學生，進而創造良好的教室物理環境與人文環境。

1.我會根據教學活動的類型來決定教室課桌椅的安排。

2.我會以教室交通的流暢性來考慮教室空間的安排。

3.我會以方便使用的方式來擺置與儲存教室設備器材。

4.我會注意教室四週牆壁的整潔美觀（如：陳列學生優良作品、實驗報告、榮譽表現的獎品等）。

5.我會佈置出與教學內容有關的資料於教室（如：圖片、圖表、標本、模型）以激發學生學習動機。

6.我會建立秩序井然的教室使學生易於獲得學習成就感。

7.我會運用專業知識與技能的權威引導學生積極學習。

8.我會運用教師人際影響力以瞭解學生團體的互動情形。

9.我會把合理的要求轉化為班級規約使得學生知所遵循。

10.我會自我要求檢視自己言行，以創造良好的教室環境。

(2)建立和諧溝通策略：是指教師能夠深度傾聽學生說話，有效進行接收技巧和傳送技巧，專注及運用建設性回饋技巧，以促進師生互動。

11.我會以和藹可親開放的態度接納學生。

12.我會以全神貫注的神情聆聽學生說話。

13.我會精確地把握住學生表達的內涵及瞭解學生的意思。

14.我會適時針對學生提出的問題給予積極的回應。

15.我會以自己的話把所瞭解的意思說出來，以便確定學生真正的意思。

16.我會做到只客觀地描述學生可觀察到及改變的具體行為。

17.我會等到學生揭露其情感時才表達自己不同意的態度。

18.我會有效地清晰而簡潔地把自己的意念告知學生。

19.我會清楚而具體地描述自己的情感使學生易於瞭解。

20.我會透過回饋的技巧瞭解學生接收的程度。

(3)監督學生活動策略：是指教師能夠運用人際距離、目光接觸、面部表情、身體姿勢、手勢信號、合宜的音韻、咬字清楚及暫停技巧，順利地掌握班班級的狀況，進行良好的班級經營活動。

21.我與學生進行溝通時會保持適當的親密距離。

22.我與學生互動時會站立在適中的位置以集中學生注意力。

23.我會以由後往前由外而內的方式在教室中移動位置。

24.我會以目光注視學生使學生更專心地投入學習活動。

25.我會運用面部表情使學生專心投入學習活動。

26.我會用身體的姿勢傳達我對學生的態度。

27.我會使用手勢信號發出鼓勵或制止的訊息。

28.我會有效地運用合宜的音韻節奏以語氣強調重點。

29.我會力求咬字清晰以吸引學生積極投入學習活動。

30.我會使用適時暫停的技巧讓學生集中注意力與思考力。

(4)建立教室規則策略：是指教師能夠建立教室常規，導正學生的目標，進行良好的班級經營活動。

31.我會訂定明確的教室規則或公約要求學生遵守。

32.我會運用小老師協助指導學生維持班級秩序。

33.我會進行各分組的秩序比賽以引導學生重視紀律。

34.我會訂定明確的教室活動方式（如：點名、舉手、繳作業）指導學生共同遵守。

35.我會利用各種教學機會教導學生尊重別人的權益。

36.在班級活動之中，我都能導正每位學生的學習目標。

37.在班級裡我會鼓勵學生積極勇於發言認真作業樂於助人。

38.當我要導正學生的錯誤目標時，會先弄清楚問題的關鍵。

39.當學生舉手發言時，我會適時滿足學生表現的機會。

40.當學生發生爭鬥時，我會採取個別諮商及面質糾正處理。

（續）表 7-1　教師班級經營策略量表向度及內容

(5)善用獎懲增強策略：是指教師能夠善用獎懲增強策略，使學生循規蹈矩，愉快且充實地進行各項班級經營活動。

41.當學生出現約定的良好行為，我會施予明確的獎勵。
42.在實施賞罰策略時，我會遵照法令規章及學校規定。
43.在教學進行的最初階段，我會持續對良好行為獎勵。
44.當學生良好行為逐漸建立後，我會維持間歇性獎勵。
45.我會使用社會性獎賞物(如誇獎)來取代物質性獎賞物。
46.我會留意教室每一個角落的動靜，善用獎懲增強。
47.對於學生輕微的不當，我會使用眼神示意、走近學生等方法來指導學生自我約束行。
48.當學生不當行為持續出現時，我會立即明確地加以制止。
49.進行懲罰時，我會理性地告知學生受罰的理由，避免情緒性反應，並鼓勵知錯能改。
50.當懲罰過後，我會適時地給予學生彌補的機會。

(6)處理不良行為策略：是指教師能夠處理學生個別問題、學生間問題、班級團體問題，以協助學生改正不良行為，進行良好的班級經營活動。

51.我會以溫和的態度接近學生，協助他們共同解決問題。
52.我會針對眼前具體的行為問題，就事論事個別處理。
53.我會協助學生針對自己的不良行為加以思考並價值判斷。
54.我會與學生共同制定一項計畫，以便改變學生問題行為。
55.我會以口頭或書面約定，要求學生執行改正問題行為的承諾。
56.我會繼續追蹤考查學生是否確實執行問題行為改正計畫。
57.當學生再出現不良行為時，我會繼續要求學生改正，而不接受任何藉口。
58.學生間意見不合，我會斟酌情形讓學生自行處理。
59.學生間發生衝突，我會安排程序討論處理和諧解決問題。
60.全班學生的問題，我會讓學生在班會中討論會商來處理。

2.預試問卷與正式問卷：本研究問卷係採李克特式的五點式量
　表，根據受試者的實際觀察與感受的符合程度填答，受試者
　從完全符合到完全不符合的5-4-3-2-1中，在適當的數字上打
　「○」，計分方式係按5分、4分、3分、2分、1分，各項分別
　計分，最後計算各向度班級經營策略及總量表的得分，得分
　愈高代表教師班級經營策略愈好。

三、統計分析方法

■ 次數分配與百分比

分析專家意見調查問卷的內容效度。

■ 因素分析

以「教師班級經營策略調查問卷」各向度之預試問卷施測結
果，進行因素分析，找出各向度題目之因素負荷量，藉以挑選適當
之題目作為正式問卷題目。

■ 積差相關分析

以「教師班級經營策略調查問卷」預試問卷施測結果，分別以
各題與向度及總量表、各向度與向度及總量表之間進行皮爾森積差
相關，探討其彼此間之相關程度，瞭解研究問卷之試題結構及進行
挑選適當之題目作為正式問卷題目。

■ 項目分析與信度分析

　　以「教師班級經營策略調查問卷」預試問卷施測結果，進行各向度、總量表之內部一致性分析，求出Cronbachα係數以瞭解研究問卷之內部一致性，並且探討各題之校正後總相關及刪題後之α係數，瞭解研究問卷之信度及進行挑選適當之題目作爲正式問卷題目。

■ 驗證性因素分析

　　以LISREL線性結構相關分析程式，驗證本研究所建構以班級經營策略：(1)安排教室環境策略；(2)建立和諧溝通策略；(3)監督學生活動策略；(4)建立教室規則策略；(5)善用獎懲增強策略；(6)處理不良行爲策略等六個向度測量「教師班級經營策略研究總量表」之模式的TCD、GFI、AGFI，求出本研究教師班級經營策略總量表與六向度之測量模式之適配度，以瞭解量表之建構情形。

第三節　　班級經營策略量表內容的分析

　　筆者根據文獻分析之班級經營策略的六個向度與變項，編製「教師班級經營策略專家意見調查問卷」進行研究，之後再根據專家意見調查結果編製預試問卷，以建構「教師班級經營策略」評鑑指標。以下分別從：(1)專家意見調查分析；(2)預試問卷編製施測與分析；(3)驗證性因素分析；(4)挑選正式問卷題目；(5)編製正式問卷

加以探討。

一、專家意見調查分析

　　研究問卷編製完成後，先進行專家意見調查。經推介函請二十五位「班級經營」專家學者撥冗填答「專家意見調查」，針對本預試問卷之代表性及意義性加以鑑定，提供寶貴意見，作爲形成專家內容效度、修正問卷的重要參考。

　　專家意見調查問卷回收後，根據其所提供之修正意見與勾選的資料，隨後進行統計分析。

　　根據統計分析的結果，並考慮各向度題數之相等。因此，以各向度「適合度」選項最低兩題予以刪除，各向度的題目保持八題，並參考學者專家之「修正後適合」的意見，修正成爲本研究之「預試問卷」，進行施測。

二、預試問卷編製施測與分析

■ 編製預試問卷

　　經過「專家內容效度」考驗後，在「教師教師班級經營策略預試研究問卷向度及內容」：

　　1.安排教室環境策略：刪除第2、8題，保留八題。

2.建立和諧溝通策略：刪除第16、17題，保留八題。

3.監督學生活動策略：刪除第21、23題，保留八題。

4.建立教室規則策略：刪除第36、37題，保留八題。

5.善用獎懲增強策略：刪除第46、47題，保留八題。

6.處理不良行為策略：刪除第52、57題，保留八題。

　　本預試問卷共選取四十八題，經語句修正後，編製成預試問卷，詳見於**表7-2**。

■ 預試問卷編製施測與分析

　　本研究以分層隨機抽樣、簡單隨機抽樣，抽得預試樣本共二十四所學校二百四十位教師進行預試。問卷回收二百二十八份，剔除收回樣本資料填答不全者，合計有效樣本為二百二十八份，回收率為95.0％，可用率為95.0％。

　　回收預試問卷後，隨即進行資料處理與統計分析，以考驗研究的信度與效度。預試問卷之(1)各向度與總量表之內在相關；(2)因素分析；(3)各題與各向度及總量表之內在相關；(4)信度分析。其所得結果如下所述。

各向度與總量表之內在相關

　　考驗「教師班級經營策略預試問卷」的內在結構相關發現：各向度內在相關皆達顯著水準，其與總量表之相關程度分別各為.8872、.9060、.8667、.8964、.8726、.8756。可見本量表之內在結構良好。

表 7-2　**教師班級經營策略量表預試問卷**

【說明】下列敘述是為了瞭解您在班級經營的狀況，請根據您在教室的實際情況的符合程度，在 5 - 4 - 3 - 2 - 1 的適當數字上打「○」。

	完全符合	大部分符合	部分符合	大部分不符合	完全不符合
1.我會根據教學活動的類型來決定教室課桌椅的安排	5	4	3	2	1
2.我會以方便使用的方式來擺置與儲存教室設備器材	5	4	3	2	1
3.我會注意教室四週牆壁的整潔美觀（如：陳列學生優良作品、實驗報告、榮譽表現的獎品等）。	5	4	3	2	1
4.我會佈置出與教學內容有關的資料於教室（如：圖片、圖表、標本、模型）以激發學生學習動機	5	4	3	2	1
5.我會建立秩序井然的教室使學生易於獲得學習成就感	5	4	3	2	1
6.我會運用專業知識與技能的權威引導學生積極學習	5	4	3	2	1
7.我會把合理的要求轉化為班級規約使得學生知所遵循	5	4	3	2	1
8.我會自我要求檢視自己言行，以創造良好的教室環境	5	4	3	2	1
9.我會以和藹可親開放的態度接納學生	5	4	3	2	1
10.我會以全神貫注的神情聆聽學生說話	5	4	3	2	1
11.我會精確地把握住學生表達的內涵及瞭解學生的意思	5	4	3	2	1
12.我會適時針對學生提出的問題給予積極的回應	5	4	3	2	1
13.我會以自己的話把所瞭解的意思說出來，以便確定學生真正的意思	5	4	3	2	1
14.我會有效地清晰而簡潔地把自己的意念告知學生	5	4	3	2	1
15.我會清楚而具體地描述自己的情感使學生易於瞭解	5	4	3	2	1
16.我會透過回饋的技巧瞭解學生接收的程度	5	4	3	2	1

【說明】下列敘述是為了瞭解您在班級經營的狀況，請根據您在教室的實際情況的符合程度，在 5 - 4 - 3 - 2 - 1 的適當數字上打「○」。

	完全符合	大部分符合	部分符合	大部分不符合	完全不符合

17.我與學生互動時會站立在適中的位置以集中學生注意力 5 - 4 - 3 - 2 - 1

18.我會以目光注視學生使學生更專心地投入學習活動……5 - 4 - 3 - 2 - 1

19.我會運用面部表情使學生專心投入學習活動…………5 - 4 - 3 - 2 - 1

20.我會用身體的姿勢傳達我對學生的態度………………5 - 4 - 3 - 2 - 1

21.我會使用手勢信號發出鼓勵或制止的訊息……………5 - 4 - 3 - 2 - 1

22.我會有效地運用合宜的音韻節奏以語氣強調重點……5 - 4 - 3 - 2 - 1

23.我會力求咬字清晰以吸引學生積極投入學習活動……5 - 4 - 3 - 2 - 1

24.我會使用適時暫停的技巧讓學生集中注意力與思考力…5 - 4 - 3 - 2 - 1

25.我會訂定明確的教室規則或公約要求學生遵守…………5 - 4 - 3 - 2 - 1

26.我會運用小老師協助指導學生維持班級秩序……………5 - 4 - 3 - 2 - 1

27.我會進行各分組的秩序比賽以引導學生重視紀律………5 - 4 - 3 - 2 - 1

28.我會訂定明確的教室活動方式（如：點名、舉手、繳作業）指導學生共同遵守……………………………………5 - 4 - 3 - 2 - 1

29.我會利用各種教學機會教導學生尊重別人的權益………5 - 4 - 3 - 2 - 1

30.當我要導正學生的錯誤目標時，會先弄清楚問題的關鍵 5 - 4 - 3 - 2 - 1

31.當學生舉手發言時，我會適時滿足學生表現的機會……5 - 4 - 3 - 2 - 1

32.當學生發生爭鬥時，我會採取個別諮商及面質糾正處理 5 - 4 - 3 - 2 - 1

（續）表 7-2　教師班級經營策略量表預試問卷

【說明】下列敘述是為了瞭解您在班級經營的狀況，請根據您在教室的實際情況的符合程度，在 5 - 4 - 3 - 2 - 1 的適當數字上打「○」。

	完全符合	大部分符合	部分符合	大部分不符合	完全不符合
33.當學生出現約定的良好行為，我會施予明確的獎勵	5	4	3	2	1
34.在實施賞罰策略時，我會遵照法令規章及學校規定	5	4	3	2	1
35.在教學進行的最初階段，我會持續對良好行為獎勵	5	4	3	2	1
36.當學生良好行為逐漸建立後，我會維持間歇性獎勵	5	4	3	2	1
37.我會使用社會性獎賞物(如誇獎)來取代物質性獎賞物	5	4	3	2	1
38.當學生不當行為持續出現時，我會立即明確地加以制止	5	4	3	2	1
39.進行懲罰時，我會理性地告知學生受罰的理由，避免情緒性反應，並鼓勵知錯能改	5	4	3	2	1
40.當懲罰過後，我會適時地給予學生彌補的機會	5	4	3	2	1
41.我會以溫和的態度接近學生，協助他們共同解決問題	5	4	3	2	1
42.我會協助學生針對自己的不良行為加以思考並價值判斷	5	4	3	2	1
43.我會與學生共同制定一項計畫，以便改變學生問題行為	5	4	3	2	1
44.我會以口頭或書面約定，要求學生執行改正問題行為的承諾	5	4	3	2	1
45.我會繼續追蹤考查學生是否確實執行問題行為改正計畫	5	4	3	2	1
46.學生間意見不合，我會斟酌情形讓學生自行處理	5	4	3	2	1
47.學生間發生衝突，我會安排討論處理，並和諧解決問題	5	4	3	2	1
48.全班學生的問題，我會讓學生在班會中討論會商來處理	5	4	3	2	1

因素分析

在教師班級經營策略調查研究問卷上,以二百二十八位國小教師為受試者,其在於班級經營策略調查問卷各向度題目的反應,採用主成分分析因素,以eigenvalue值大於1者為選入因素參考標準。其因素分析之結果如**表7-3**所述:

在「教師班級經營策略預試研究問卷各向度及內容」:

1. 安排教室環境策略:因素分析抽取一個因素,其eigenvalue值為4.86,可解釋安排教室環境策略60.7%,因素負荷量從.6853~.8376,其中以第1、2題最低。

2. 建立和諧溝通策略:因素分析抽取一個因素,eigenvalue值5.20,可解釋建立和諧溝通策略65.0%,因素負荷量從.6972~.8546,其中以第9、16題最低。

3. 監督學生活動策略:因素分析抽取一個因素,eigenvalue值為5.42,可解釋監督學生活動策略67.7%,因素負荷量從.7866~.8627,其中以第17、22題最低。

4. 建立教室規則策略:因素分析抽取一個因素,其eigenvalue值為4.96,可解釋建立教室規則策略62.0%,因素負荷量從.7313~.8455,其中以第25、32題最低。

5. 善用獎懲增強策略:因素分析抽取一個因素,其eigenvalue值為5.21,可解釋善用獎懲增強策略65.1%,因素負荷量從.7596~.8677,其中以第34、38題最低。

6. 處理不良行為策略:因素分析抽取一個因素,eigenvalue值4.79,可解釋處理不良行為策略59.8%,因素負荷量從.7084~.8172,其中以第46、48題最低。

表 7-3 「教師班級經營策略量表預試問卷」因素分析摘要表

向度	題次內容	因素負荷量	共同性 h²
(1) 安排教室環境策略	1.我會根據教學活動的類型來決定教室課桌椅的安排。	.6852	.4696
	2.我會以方便使用的方式來擺置與儲存教室設備器材。	.7125	.5077
	3.我會注意教室四週牆壁的整潔美觀（如：陳列學生優良作品、實驗報告、榮譽表現的獎品等）。	.8047	.6476
	4.我會佈置出與教學內容有關的資料於教室（如：圖片、圖表、標本、模型）以激發學生學習動機。	.7813	.6104
	5.我會建立秩序井然的教室使學生易於獲得學習成就感。	.8270	.6840
	6.我會運用專業知識與技能的權威引導學生積極學習。	.7658	.8913
	7.我會把合理的要求轉化為班級規約使得學生知所遵循。	.7296	.5865
	8.我會自我要求檢視自己言行，以創造良好的教室環境。	.8376	.7016
(2) 建立和諧溝通策略	9.我會以和藹可親開放的態度接納學生。	.6972	.4861
	10.我會以全神貫注的神情聆聽學生說話。	.8136	.6619
	11.我會精確地把握住學生表達的內涵及瞭解學生的意思。	.8546	.7303
	12.我會適時針對學生提出的問題給予積極的回應。	.8247	.6802
	13.我會以自己的話把所瞭解的意思說出來，以便確定學生真正的意思。	.8122	.6597
	14.我會有效地清晰而簡潔地把自己的意念告知學生。	.8328	.6936
	15.我會清楚而具體地描述自己的情感使學生易於瞭解。	.8086	.6539
	16.我會透過回饋的技巧瞭解學生接收的程度。	.7942	.6308
(3) 監督學生活動策略	17.我與學生互動時會站立在適中的位置以集中學生注意力。	.7910	.6256
	18.我會以目光注視學生使學生更專心地投入學習活動。	.8654	.6979
	19.我會運用面部表情使學生專心投入學習活動。	.8627	.7442
	20.我會用身體的姿勢傳達我對學生的態度。	.8440	.7124
	21.我會使用手勢信號發出鼓勵或制止的訊息。	.8017	.6430
	22.我會有效地運用合宜的音韻節奏以語氣強調重點。	.7866	.6187
	23.我會力求咬字清晰以吸引學生積極投入學習活動。	.8324	.6929
	24.我會使用適時暫停的技巧讓學生集中注意力與思考力。	.8254	.6812

向度	題次內容	因素負荷量	共同性 h²
(4) 建 立 教 室 規 則 策 略	25.我會訂定明確的教室規則或公約要求學生遵守。	.7313	.5347
	26.我會運用小老師協助指導學生維持班級秩序。	.7911	.6258
	27.我會進行各分組的秩序比賽以引導學生重視紀律。	.7579	.5745
	28.我會訂定明確的教室活動方式（如：點名、舉手、繳作業）指導學生共同遵守。	.8455	.7148
	29.我會利用各種教學機會教導學生尊重別人的權益。	.8390	.7039
	30.當我要導正學生的錯誤目標時，會先弄清楚問題的關鍵。	.7791	.6070
	31.當學生舉手發言時，我會適時滿足學生表現的機會。	.8171	.6676
	32.當學生發生爭鬥時，我會採取個別諮商及面質糾正處理。	.7315	.5352
(5) 善 用 獎 懲 增 強 策 略	33.當學生出現約定的良好行為，我會施予明確的獎勵。	.8010	.6416
	34.在實施賞罰策略時，我會遵照法令規章及學校規定。	.7596	.5770
	35.在教學進行的最初階段，我會持續對良好行為獎勵。	.8677	.7529
	36.當學生良好行為逐漸建立後，我會維持間歇性獎勵。	.7939	.6303
	37.我會使用社會性獎賞物(如誇獎)來取代物質性獎賞物。	.8523	.7280
	38.當學生不當行為持續出現時，我會立即明確地加以制止。	.7878	.6206
	39.進行懲罰時，我會理性地告知學生受罰的理由，避免情緒性反應，並鼓勵知錯能改。	.7896	.6234
	40.當懲罰過後，我會適時地給予學生彌補的機會。	.7964	.6343
(6) 處 理 不 良 行 為 策 略	41.我會以溫和的態度接近學生，協助他們共同解決問題。	.7480	.5595
	42.我會協助學生針對自己的不良行為加以思考並價值判斷。	.8172	.6678
	43.我會與學生共同制定一項計畫，以便改變學生問題行為。	.8080	.6528
	44.我會以口頭或書面約定，要求學生執行改正問題行為的承諾。	.7598	.5773
	45.我會繼續追蹤考查學生是否確實執行問題行為改正計畫。	.8144	.6633
	46.學生間意見不合，我會斟酌情形讓學生自行處理。	.7084	.5018
	47.學生間發生衝突，我會安排討論處理，並和諧解決問題。	.8092	.6548
	48.全班學生的問題，我會讓學生在班會中討論會商來處理。	.7137	.5094

各題與各向度及總量表之相關分析

因素分析後，另以預試問卷結果進行相關分析，考驗各題與各向度及總量表之相關情形，作為正式問卷選題之依據。

從以下各表分析得知在「教師班級經營策略預試研究問卷向度及內容」方面相關程度（如**表7-4**）：

1. 安排教室環境策略：第1、2、3、4、5、6、7、8題，與「安排教室環境策略分量表」相關程度均達.01顯著水準，相關程度從.7161～.8171；各題與「班級經營策略總量表」之相關程度均達.01顯著水準，相關程度從.5706～.7957，其中以第1、2題相關程度最低。

2. 建立和諧溝通策略：第9、10、11、12、13、14、15、16題，與「建立和諧溝通策略分量表」相關程度均達.01顯著水準，相關程度從.7148～.8517；各題與「班級經營策略總量表」相關程度均達.01顯著水準，相關程度從.6339～.7722，其中以第9、16題相關程度最低。

3. 監督學生活動策略：第17、18、19、20、21、22、23、24題，與「監督學生活動策略分量表」之相關程度均達.01顯著水準，相關程度從.7889～.8604；各題與「班級經營策略總量表」之相關程度均達.01顯著水準，其相關的程度從.6697～.7381，其中第17、22題相關程度最低。

4. 建立教室規則策略：第25、26、27、28、29、30、31、32題，與「建立教室規則策略分量表」之相關程度均達.01顯著水準，相關程度從.7407～.8420；各題與「班級經營策略總量表」之相關程度均達.01顯著水準，相關程度從.6307～.7756，

表 7-4　「教師班級經營策略量表預試研究問卷」題目與各向度及總量表之相關

題號	(1)安排教室環境策略	(2)建立和諧溝通策略	(3)監督學生活動策略	(4)建立教室規則策略	(5)善用獎懲增強策略	(6)處理不良行為策略	總量表
1.	.7161**						.5724**
2.	.7337**						.5706**
3.	.8127**						.6793**
4.	.7926**						.6235**
5.	.8137**						.7442**
6.	.7477**						.6947**
7.	.7841**						.7957**
8.	.8171**						7947**
9.		.7148**					.6339**
10.		.8217**					.7263**
11.		.8517**					.7304**
12.		.8214**					.7499**
13.		.8088**					.7395**
14.		..8241**					.7496**
15.		.8034**					.7722**
16.		.7926**					.7343**
17.			.7889**				.7188**
18.			.8287**				.7375**
19.			.8604**				.7036**
20.			.8430**				.7141**
21.			.8070**				.6993**
22.			.7906**				.6697**
23.			8357**				.7381**
24.			.8245**				.7244**

（續）表 7-4　「教師班級經營策略量表預試研究問卷」題目與各向度
　　　　　　及總量表之相關

題號	(1)安排教室環境策略	(2)建立和諧溝通策略	(3)監督學生活動策略	(4)建立教室規則策略	(5)善用獎懲增強策略	(6)處理不良行為策略	總量表
25.				.7404**			.6658**
26.				.8051**			.6934**
27.				.7738**			.6307**
28.				.8420**			.7628**
29.				.8285**			.7756**
30.				.7670**			.7611**
31.				.8059**			.7187**
32.				7277**			.6486**
33.					.7953**		.6928**
34.					.7629**		.6543**
35.					.8637**		.7574**
36.					.7949**		.6848**
37.					.8494**		.7235**
38.					.7910**		.6943**
39.					.7916**		.6794**
40.					.8002**		.7398**
41.						.7400**	.7183**
42.						.8104**	.7348**
43.						.8054**	.6744**
44.						.7594**	.6699**
45.						.8114**	.7094**
46.						.7220**	.6082**
47.						.8061**	.7093**
48.						.7239**	.6001**

其中以第25、32，相關程度最低。

5.善用獎懲增強策略：第33、34、35、36、37、38、39、40題，與「善用獎懲增強策略分量表」之相關程度均達.01顯著水準，相關程度從.7629～.8637；各題與「班級經營策略總量表」之相關程度均達.01顯著水準，相關程度從.6543～.7574，其中以第34、38題相關程度最低。

6.處理不良行為策略：第41、42、43、44、45、46、47、48題，與「處理不良行為策略分量表」之相關程度均達.01顯著水準，相關程度從.7220～.8114；各題與「班級經營策略總量表」之相關程度均達.01顯著水準，其相關程度從.6001～.7348，其中以第46、48題相關程度最低。

信度分析

在教師班級經營策略調查預試問卷上，以二百二十八位國小教師為受試者，其在於班級經營策略調查問卷各向度題目的反應，採用信度分析進行考驗「教師班級經營策略預試問卷」各向度與總量表的內部一致性：發現「總量表」之Cronbachα係數高達.9782，各向度Cronbachα係數達.9068、.9223、.9317、.9120、.9231、.9034，顯示本量表之總量表及各向度內部一致性高，信度佳。另為瞭解每題之「校正後項目整體相關」及「單題刪除後α係數減低情形」，以作為編製正式問卷選題之依據。本研究之信度分析情形，詳見於以下各表。其信度分析之結果如下所述：

在「教師班級經營策略預試問卷各向度及內容」分析（如**表7-5**）：

表 7-5 「教師班級經營策略預試問卷」之信度分析摘要表

向度	題次內容	校正後總相關	刪題後 α 係數
(1) 安 排 教 室 環 境 策 略	1.我會根據教學活動的類型來決定教室課桌椅的安排。	.6055	.9001
	2.我會以方便使用的方式來擺置與儲存教室設備器材。	.6352	.8962
	3.我會注意教室四週牆壁的整潔美觀（如：陳列學生優良作品、實驗報告、榮譽表現的獎品等）。	.7395	.8860
	4.我會佈置出與教學內容有關的資料於教室（如：圖片、圖表、標本、模型）以激發學生學習動機。	.7121	.8887
	5.我會建立秩序井然的教室使學生易於獲得學習成就感。	.7485	.8855
	6.我會運用專業知識與技能的權威引導學生積極學習。	.6725	.8925
	7.我會把合理的要求轉化為班級規約使得學生知所遵循。	.7202	.8890
	8.我會自我要求檢視自己言行，以創造良好的教室環境。	.7612	.8857
(2) 建 立 和 諧 溝 通 策 略	9.我會以和藹可親開放的態度接納學生。	.6195	.9214
	10.我會以全神貫注的神情聆聽學生說話。	.7576	.9100
	11.我會精確地把握住學生表達的內涵及瞭解學生的意思。	.7979	.9067
	12.我會適時針對學生提出的問題給予積極的回應。	.7595	.9099
	13.我會以自己的話把所瞭解的意思說出來，以便確定學生真正的意思。	.7474	.9110
	14.我會有效地清晰而簡潔地把自己的意念告知學生。	.7656	.9095
	15.我會清楚而具體地描述自己的情感使學生易於瞭解。	.7363	.9117
	16.我會透過回饋的技巧瞭解學生接收的程度。	.7233	.9127
(3) 監 督 學 生 活 動 策 略	17.我與學生互動時會站立在適中的位置以集中學生注意力。	.7235	.9249
	18.我會以目光注視學生使學生更專心地投入學習活動。	.7770	.9214
	19.我會運用面部表情使學生專心投入學習活動。	.8096	.9185
	20.我會用身體的姿勢傳達我對學生的態度。	.7901	.9201
	21.我會使用手勢信號發出鼓勵或制止的訊息。	.7383	.9241
	22.我會有效地運用合宜的音韻節奏以語氣強調重點。	.7227	.9250
	23.我會力求咬字清晰以吸引學生積極投入學習活動。	.7749	.9213
	24.我會使用適時暫停的技巧讓學生集中注意力與思考力。	.7651	.9219

向度	題次內容	校正後總相關	刪題後 α 係數
(4) 建 立 教 室 規 則 策 略	25.我會訂定明確的教室規則或公約要求學生遵守。	.6533	.9040
	26.我會運用小老師協助指導學生維持班級秩序。	.7264	.8981
	27.我會進行各分組的秩序比賽以引導學生重視紀律。	.6847	.9021
	28.我會訂定明確的教室活動方式（如：點名、舉手、繳作業）指導學生共同遵守。	.7837	.8926
	29.我會利用各種教學機會教導學生尊重別人的權益。	.7712	.8942
	30.當我要導正學生的錯誤目標時，會先弄清楚問題的關鍵。	.6949	.9005
	31.當學生舉手發言時，我會適時滿足學生表現的機會。	.7433	.8966
	32.當學生發生爭鬥時，我會採取個別諮商及面質糾正處理。	.6459	.9044
(5) 善 用 獎 懲 增 強 策 略	33.當學生出現約定的良好行為，我會施予明確的獎勵。	.7338	.9132
	34.在實施賞罰策略時，我會遵照法令規章及學校規定。	.6835	.9169
	35.在教學進行的最初階段，我會持續對良好行為獎勵。	.8146	.9064
	36.當學生良好行為逐漸建立後，我會維持間歇性獎勵。	.7231	.9138
	37.我會使用社會性獎賞物(如誇獎)來取代物質性獎賞物。	.7979	.9079
	38.當學生不當行為持續出現時，我會立即明確地加以制止。	.7176	.9143
	39.進行懲罰時，我會理性地告知學生受罰的理由，避免情緒性反應，並鼓勵知錯能改。	.7209	.9139
	40.當懲罰過後，我會適時地給予學生彌補的機會。	.7302	.9132
(6) 處 理 不 良 行 為 策 略	41.我會以溫和的態度接近學生，協助他們共同解決問題。	.6657	.8923
	42.我會協助學生針對自己的不良行為加以思考並價值判斷。	.7418	.8849
	43.我會與學生共同制定一項計畫，以便改變學生問題行為。	.7330	.8856
	44.我會以口頭或書面約定，要求學生執行改正問題行為的承諾。	.6749	.8910
	45.我會繼續追蹤考查學生是否確實執行問題行為改正計畫。	.7428	.8848
	46.學生間意見不合，我會斟酌情形讓學生自行處理。	.6199	.8967
	47.學生間發生衝突，我會安排討論處理，並和諧解決問題。	.7413	.8854
	48.全班學生的問題，我會讓學生在班會中討論會商來處理。	.6250	.8959

1. 安排教室環境策略：信度分析Cronbachα係數達.9068，單題之「校正後項目整體相關」情形，從.6055～.7612，其中以第1、2題最低。

2. 建立和諧溝通策略：信度分析Cronbachα係數.9223，單題之「校正後項目整體相關」情形，從.6195～.7979，其中第9、16題最低。

3. 監督學生活動策略：經信度分析Cronbach α係數達.9317，單題之「校正後項目整體相關」情形，從.7227～.8096，其中以第17、22題最低。

4. 建立教室規則策略：信度分析Cronbachα係數達.9120，單題之「校正後項目整體相關」情形，從.6459～.7839，其中以第25、32題最低。

5. 善用獎懲增強策略：經信度分析Cronbach α係數.9231，單題之「校正後項目整體相關」情形，從.7176～.7146，其中以第38、39題最低。

6. 處理不良行為策略：經信度分析Cronbachα係數達.9034，單題之「校正後項目整體相關」情形，從.6199～.7428，其中以第46、48題最低。

三、驗證性因素分析

由於本研究量表之發展，係根據文獻理論基礎與相關研究分析，進行國小校長、主任、組長、教師晤談及專家意見調查，然後

建構「教師班級經營策略量表」。為了探討本量表建構的六個向度：(1)安排教室環境策略；(2)建立和諧溝通策略；(3)監督學生活動策略；(4)建立教室規則策略；(5)善用獎懲增強策略；(6)處理不良行為策略，整體測量「教師班級經營策略量表」的建構情形。本研究採用「驗證性因素分析」方法進行「教師班級經營策略總量表與六向度之測量模式」的適配度分析。

本研究探討總量表與六向度之結構模式時，主要是以Joreskog & Sorbom (1989) 所發展線性結構關係模式及設計的LISREL 7.16統計套裝軟體程式來進行分析。其考驗模式指標之各項評鑑項目有一定之規則，如Bòllen (1989) 指出評鑑互動模式指標的目的，乃希望從各方面來評鑑理論模式是否能解釋實際觀察所得資料，因此宜從不同角度，並參照多種指標來作合理的判斷。有關評鑑互動模式指標的標準，Bagozzi & Yi (1988) 指出：應該從「基本適配標準」、「整體模式適配標準」、「模式內在適配標準」三方者來評鑑互動模式。

■ 模式基本適配標準評鑑結果分析

從**表7-6**可看出，所有參數估計數（即λ值）皆達顯著水準，而且誤差值都沒有負值，γ值也達顯著水準，可見基本適配標準良好。

■ 模式整體適配標準評鑑結果分析

整體的適合度指數是.997，調整後的適合度指數是.993，與最大值1很接近，表示本研究所假設的模式與理論上的模式相符合，模式的可信度高；而且本研究結構方程式的整體決定係數是.945，最大正規化殘差是1.14，都符合指標評鑑標準，可見模式整體適配標準

表 7-6　教師班級經營策略總量表與六向度之結構模式參數估計結果

參數 λ 值	SC 估計值	參數	SC 估計值	R² 值	評鑑指標
安排教室環境策略	.839*	$\delta 1$	.297*	R²(X1)＝.704	TCD(X)=.945
建立和諧溝通策略	.894*	$\delta 2$	.201*	R²(X2)＝.799	TCD(δ)=.945
監督學生活動策略	.830*	$\delta 3$	.312*	R²(X3)＝.689	GFI=.997
建立教室規則策略	.881*	$\delta 4$	.224*	R²(X4)＝.776	AGFI=.993
善用獎懲增強策略	.846*	$\delta 5$	.285*	R²(X5)＝.716	RMSR=.421
處理不良行為策略	.845*	$\delta 6$	.286*	R²(X6)＝.714	LSR＝1.14

良好。

■ **模式內在結構適配標準評鑑結果分析**

各測量指標的信度，六向度的R²從在.689到.799之間，顯示本模式仍有誤差存在。就模式而言，教師班級經營策略總量表與六向度之結構模式的解釋量有94.5%，顯示本模式之內部結構甚佳。

■ **教師班級經營策略總量表與六向度之結構模式的適配情形佳**

從本研究前述教師班級經營策略總量表與六向度之結構模式的研究發現，在模式基本適配標準評鑑結果、模式整體適配標準評鑑結果、模式內在結構適配標準評鑑結果也都支持本研究之結構模式之成立。因此，也可以支持和解釋教師班級經營策略總量表與六向度之結構模式有良好的建構效度存在。歸納本研究之結果發現如下：

從**圖7-2**測量模式可看出，由於潛在變項「班級經營策略」的觀察變項「安排教室環境策略」、「建立和諧溝通策略」、「監督

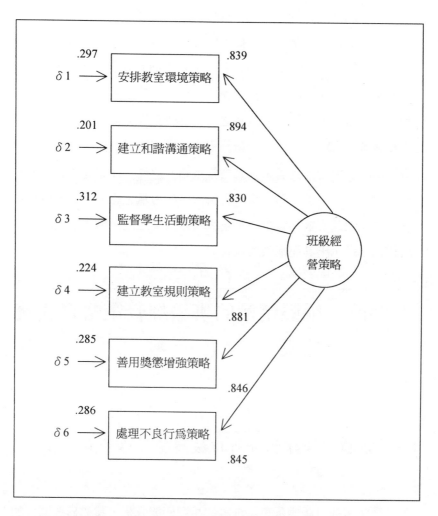

圖 7-2　教師班級經營策略總量表與六向度之測量模式圖

學生活動策略」、「建立教室規則策略」、「善用獎懲增強策略」、「處理不良行爲策略」之結構係數分別各爲.729、.867、.608、.917、.834、.864，其 t 值皆達顯著水準。顯示出前述六個測量變項，均能測到相同的潛在因素（班級經營策略）。測量模式圖的涵義可以解釋如下：當教師班級經營策略之「安排教室環境策略」愈佳、「建立和諧溝通策略」愈佳、「監督學生活動策略」愈佳、「建立教室規則策略」愈佳、「善用獎懲增強策略」愈佳、「處理不良行爲策略」愈佳，則「推」教師班級經營策略的力量也愈強。此結果將本研究中「教師班級經營策略總量表與六向度之測量模式」假設予以結構化，顯示出其建構效度佳。

第四節　編製精簡的班級經營策略自我檢核表

一、依據理論建構分析班級經營策略量表內容

　　筆者根據班級經營策略理論與相關研究分析，建構形成問卷初稿、建立專家內容效度、實施與分析預試問卷，從施測結果發現：各向度與總量表之內在相關結果皆達.01顯著水準，且在「教師班級經營策略總量表與六向度之測量模式」之驗證性因素分析結果亦佳，顯示本問卷之向度建構良好；其次綜合因素分析、相關分析、項目分析及信度分析四種統計分析方法刪減題數詳於**表7-7**。

表 7-7　「教師班級經營策略」統計分析後篩選題目情形

向度別	因素分析刪減題次	相關分析刪減題次	信度分析刪減題次	綜合評斷刪減題次	篩選之後保留的題次
向度一：安排教室環境策略	1、2	1、2	1、2	1、3	3,4,5,6,7,8
向度二：建立和諧溝通策略	9、16	9、16	9、16	9、16	10,11,12,13,14,15
向度三：監督學生活動策略	17、22	17、22	17、22	17、22	18,19,20,21,23,24
向度四：建立教室規則策略	25、32	25、32	25、32	25、32	26,27,28,29,30,31
向度五：善用獎懲增強策略	34、38	34、38	38、39	34、38	33,35,36,37,39,40
向度六：處理不良行為策略	46、48	46、48	46、48	46、48	41,42,43,44,45,47

二、編製精簡的班級經營策略評鑑自我檢核表

　　根據預試問卷分析結果，每個向度篩選六個題目，六個向度共計挑選出三十六題。編製成本研究工具「教師班級經營策略正式調查問卷」，建構本研究之班級經營策略評鑑指標，詳見如下**表7-8**。

表 7-8　教師班級經營策略量表正式問卷

> 【說明】下列敘述是為了瞭解您在班級經營的狀況，請根據您在教室的實
> 際情況的符合程度，在 5 - 4 - 3 - 2 - 1 的適當數字上打「○」。

	完全符合	大部分符合	部分符合	大部分不符合	完全不符合
1.我會注意教室四週牆壁的整潔美觀（如：陳列學生優良作品、實驗報告、榮譽表現的獎品等）。	5	4	3	2	1
2.我會佈置出與教學內容有關的資料於教室（如：圖片、圖表、標本、模型）以激發學生學習動機	5	4	3	2	1
3.我會建立秩序井然的教室使學生易於獲得學習成就感	5	4	3	2	1
4.我會運用專業知識與技能的權威引導學生積極學習	5	4	3	2	1
5.我會把合理的要求轉化為班級規約使得學生知所遵循	5	4	3	2	1
6.我會自我要求檢視自己言行，以創造良好的教室環境	5	4	3	2	1
7.我會以全神貫注的神情聆聽學生說話	5	4	3	2	1
8.我會精確地把握住學生表達的內涵及瞭解學生的意思	5	4	3	2	1
9.我會適時針對學生提出的問題給予積極的回應	5	4	3	2	1
10.我會以自己的話把所瞭解的意思說出來，以便確定學生真正的意思	5	4	3	2	1
11.我會有效地清晰而簡潔地把自己的意念告知學生	5	4	3	2	1
12.我會清楚而具體地描述自己的情感使學生易於瞭解	5	4	3	2	1
13.我會以目光注視學生使學生更專心地投入學習活動	5	4	3	2	1
14.我會運用面部表情使學生專心投入學習活動	5	4	3	2	1
15.我會用身體的姿勢傳達我對學生的態度	5	4	3	2	1
16.我會使用手勢信號發出鼓勵或制止的訊息	5	4	3	2	1

【說明】下列敘述是爲了瞭解您在班級經營的狀況，請根據您在教室的實際情況的符合程度，在 5－4－3－2－1 的適當數字上打「○」。

	完全符合	大部分符合	部分符合	大部分不符合	完全不符合
17.我會力求咬字清晰以吸引學生積極投入學習活動	5	4	3	2	1
18.我會使用適時暫停的技巧讓學生集中注意力與思考力	5	4	3	2	1
19.我會運用小老師協助指導學生維持班級秩序	5	4	3	2	1
20.我會進行各分組的秩序比賽以引導學生重視紀律	5	4	3	2	1
21.我會訂定明確的教室活動方式（如：點名、舉手、繳作業）指導學生共同遵守	5	4	3	2	1
22.我會利用各種教學機會教導學生尊重別人的權益	5	4	3	2	1
23.當我要導正學生的錯誤目標時，會先弄清楚問題的關鍵	5	4	3	2	1
24.當學生舉手發言時，我會適時滿足學生表現的機會	5	4	3	2	1
25.當學生出現約定的良好行爲，我會施予明確的獎勵	5	4	3	2	1
26.在教學進行的最初階段，我會持續對良好行爲獎勵	5	4	3	2	1
27 當學生良好行爲逐漸建立後，我會維持間歇性獎勵	5	4	3	2	1
28.我會使用社會性獎賞物(如誇獎)來取代物質性獎賞物	5	4	3	2	1
29.進行懲罰時，我會理性地告知學生受罰的理由，避免情緒性反應，並鼓勵知錯能改	5	4	3	2	1
30.當懲罰過後，我會適時地給予學生彌補的機會	5	4	3	2	1
31.我會以溫和的態度接近學生，協助他們共同解決問題	5	4	3	2	1
32.我會協助學生針對自己的不良行爲加以思考並價值判斷	5	4	3	2	1
33.我會與學生共同制定一項計畫，以便改變學生問題行爲	5	4	3	2	1
34.我會以口頭或書面約定，要求學生執行改正問題行爲的承諾	5	4	3	2	1
35.我會繼續追蹤考查學生是否確實執行問題行爲改正計畫	5	4	3	2	1
36.學生間發生衝突，我會安排討論處理，並和諧解決問題	5	4	3	2	1

教師教學效能的基本概念

教學過程是師生互動的過程，而在教學活動過程中，教師如何溝通單元目標、如何有系統的呈現訊息、如何避免模糊不清、如何檢查學生瞭解情形、如何提供練習和回饋，成為一位高效能的教師，提昇教育品質達成教育目標，是教師教學效能的一大展現。

教師教學效能 (teacher teaching effectiveness) 的研究，可溯源自Bandura 自我效能理論的研究時期。那一時期研究取向的根本假設：認為效能感乃是個人對本身執行某一事物能力的效能預期，使其成為高效能的工作者。例如，Moneys (1992) 指出：高效能的教師必須具備幾項有效教學的特徵，如有效地教導教材的知識、有效地師生溝通、良好的教材組織能力、激勵學習動機的能力、和藹可親的態度、教室管理的技巧等，這些都是成為高效能教師必須具備的教學特徵與教學技巧。因此，教師若能學習與自我訓練有效的教學技巧，將有助於教師成為高效能的工作者，有系統、有效能的進行教學工作，使得班級的各項教學活動能依教育的原理正常運作。以下將分別從教師教學效能的意義、教師教學效能的功能、教師教學效能探討的內容、教師教學效能的研究取向四節來加以分析探討教師教學效能的基本概念。

第一節　教師教學效能的定義

為了瞭解教師教學效能的意義，首先必須對「教師自我效能」的意義作一剖析方能瞭解其精義之所在，其次再據之探索「教師教學效能」的意義。

一、教師自我效能的意義

■從國內專家學者之相關研究來看「教師自我效能」

孫志麟（民80）指出：教師自我效能是指教師從事教學工作時，對自己教學能力的信念，此一信念係包括教師對於自己能夠影響學生學習及抗衡外在環境對教學影響等方面的能力判斷。

周新富（民80）指出：教師效能是指教師知覺到的效能信念，亦即教師從事教學工作時，對其本身所具有的教學能力能對學生產生影響的主觀評價。

王受榮（民81）指出：教師效能感是指教師在教育情境中，對教導學生學習所持的效能信念與預期。教師效能感由兩個不同的層面所構成：(1)一般教學效能感；(2)個人教學效能感。教師的教學行為系統合此二層面的信念與預期所產生的。

鄭英耀（民81）指出：教師效能是教師從事教學工作時，對自己有效教學能力所持有的一種信念，此一信念包含教師從事專業角色去影響其學生之學習和抗衡外界環境對教學影響之專業堅持。

梁森茂（民81）指出：教師效能信念是指教師在教學工作上，認為自己能影響學生的程度及對學生學習成敗的責任之信念。其強調一種感覺或信念，均涉及教師對「教」與「學」的判斷而為教師所擁有，且會影響其教學實際。

劉威德（民83）指出：教師效能是教師對於自己教學能力的認知，此教學能力包含積極上的正面教導學生，和消極上的抗衡外界

社會環境因素對學生的不良影響。

江展壋（民83）指出：教師效能是指教師主觀評價自己能夠影響學生學習成敗的一種知覺、判斷或信念，並預期學生可達到一些特定教育目標或有進步表現的結果。

陳武雄（民84）指出：教學自我效能是指教師從事教學工作時，知覺自己能有效教學的信念，此一信念包含教師對於本身教學能力的自信與影響學生學習成就的預期，以及抗衡外在環境對教學影響等方面的專業能力之判斷。

歸納而言，從國內專家學者之相關研究來看，「教師自我效能」的意義是教師個人教學主觀的自我判斷，是反映個人對自我教學能力的判斷，它是個人內在主觀的知覺。個人的自我知覺通常具有評鑑的性質，致使其對教師角色的定義，表現出積極和消極的情意作用，進而影響其教學執行。教師對教學自我效能的判斷可能發生於教師教學之前、中、後的過程中，教師在作判斷之際，並不受外力的控制與干涉，全憑自己內在能理性化的判斷，決定教師如何進行教學。

■ 從國外專家學者之相關研究來看「教師自我效能」

Barfield & Burlingame（1974）指出：教師自我效能是指教師個人對環境的控制感，個人自覺有效能者對環境的控制感較高，缺乏控制感者效能低。

Denham & Michael（1981）指出：教師自我效能是形成教師表現知覺、實際表現及其學生表現等諸多變項的中介概念。換言之，教師對其潛在效能的信心，被認為是更有生產力教學的一項基礎。

Armor（1976）指出：教師自我效能是指教師認為自己有能力影響學生學習程度之信念。

Webb（1982）指出：教師自我效能是教師對於自己能夠影響學生學習的信念。

Ashton（1983）指出：教師自我效能是指教師對自己能夠完成所有教學責任的信心。具體而言，教師自我效能包括三個向度：(1)個人效能則是指教師對於個人成為一位有效率教師的一般意識；(2)教學效能是指教師對於教學與學習之關係的一般信念；(3)個人教學效能是指教師個人對於成為有效率教師以及對教學與學習關係的一般信念。

Gibson & Dembo（1984）指出：教師自我效能是指教師對於自己能夠正面影響學生學習的一種信念。此種信念又可分為：(1)個人教學效能，是指教師對自己所具有的教學能力和技巧之信念；(2)一般教學效能，是指教師對自己能夠改變學生的能力之信念。

Hoover & Dempsey（1987）指出：教師自我效能應包括：(1)教師認為自己能夠有效地從事教學；(2)教師認為自己所教的學生具有學習能力；(3)當教學需要時，教師認為自己所具有的專業知識能夠充分發揮作用。

Newman & Rutter（1989）指出：教師自我效能是指教師對於教學是否能增進學生成就的一種知覺。此種知覺乃是對於自己的教學是否能夠引導學生成功學習的判斷。

Cavers（1988）指出：教師自我效能是指教師相信他們有能力影響學生表現的一種信念。此種信念包括：(1)一般教學效能，指教師能影響班上學生學習結果的信念；(2)個人教學效能，是指教師知覺個人所具備的教學技巧或能力。

Rosenhltz（1989）指出：教師自我效能是指教師對本身所擁有的教學力和技巧的自信程度。

Woolfolk & Hoy（1990）指出：教師自我效能是指教師對學校教育的力量、學生學習成敗的責任、學習的作用、一般教育哲學以及對學生影響力的程度等各方面的信念。

歸納而言，從國外專家學者之相關研究來看，「教師自我效能」的意義是一套「思考—行動」的組合。教師教學自我效能的高低，是源自於他對自我教學能力的知覺。高效能者，表示教師對自己的教學能力充滿信心，其在教學行動上表現的較為積極動機；而低效能者，在教學上往往較容易感到挫折，其行動也表現較為消極的動機。

二、教師教學效能的意義

教師教學效能基本上是一個多向度的建構，教師教學效能會因不同的情境而有所差異。因為教學是相當複雜的過程，教師在從事教學的過程中所要注意的事項很多，如何在龐雜的教室教學活動中理出頭緒把握重點，使得教室裡的教學活動能依教育的原理正常運作，教師就必須講求「教學效能」，才能成為一位有效能與有效率的成功教學者。因此，教師教學效能的意義，從其範圍而言，可分為廣義和狹義兩個層面來解釋：

■ 廣義的教師教學效能

Medley（1979）指出：有效能的教師有以下五項要素：(1)具

有令人滿意的人格特質；(2)能夠有效利用教學方法；(3)能夠創造良好的班級氣氛；(4)精熟各種教學能力與技術；(5)知道何時和如何利用教學能力與技術。

Haigh & Katterns（1984）指出：有效能的教師必須瞭解沒有一種最佳的教學方法可適於所有學生，因此要有效地控制整個教學情境，必須隨時自我進修和研究，俾提供給學生最佳學習內容和機會。

歐陽教（民75）指出：有效教學是指一個教師能嚴守皮德思所倡的教育的合價值性、合認知性及自願性規準，充分發揮傳道、授業、解惑的教學功能。

林清山（民75）指出：有效教學是指一個教師能有效地應用教學的心理學原則，如動機原則、順序原則、學習遷移、過程技能、預備狀態、收錄策略、增強原則、回饋原則，產生有效的教學，幫助學生獲得有效學習，進而達成預期的教學目標。

陳奎憙（民75）指出：有效教學是指一個教師能有效地應用社會學原理討論教學與師生關係的問題，並且體認其對社會貢獻的重要性，進而增強其服務教育的熱誠，而樂於建立良好師生關係，致力於提高教學效率。

鄭燕萍（民75）指出：教學效能是指一個教師在特定的教學情境和校長的作用下，導引或促成學生及學習情境發揮其效能或作用，以致達成或超出預期的教育目標的能力。

Brophy（1988）指出：教學效能是指一位有效能的教師，認為其學生為有能力學習，則教師也會有能力來教學。

吳清山（民80）指出：教學效學是指一個教師在他教學工作中，能夠使學生在學習上或行為上具有優良的表現，以達到特定的

教育目標。

Ryan（1986）指出：教學效能是指教師能使學生達到一些特定教育目標或大量進步的結果。

黃政傑（民82）指出：教學效能是指一位有效能的優良教師應用所學所知於教學實務上，更重要的是能夠依照自己的教學情境，調整創新，進行行動研究，考驗教學原理和於法的有效性，使自己成爲教學知識的開發者，而不單是使用者而已。

李咏吟（民84）指出：有效教學是教師從事教學工作時，能設定一些教學改進目標、實施、檢討與反省、再實施等過程，以加強自己的教學能力，同時抱持熱心、愛心和溫暖的態度，並多與同校或他校教師討論教學方法要領，成爲具有高度專業水準的教師。

陳木金（民86）研究指出：教學效能是指教師對學校教育的力量、學生學習成敗的責任、學習的作用、一般教育哲學、對學生影響力的程度各方面的自我信念，及能有效溝通學習目標，有系統的呈現教材，避免模糊不清，檢查學生瞭解情形，提供練習和回饋，營造良好教室氣氛，促進有效教學與學習，提高教育品質，達成教育目標。

■ 狹義的敎師敎學效能

Good（1979）指出：教學效能是指教師在學生標準化成就測驗上得分能夠產生比預期還要高的能力。

Rosenshine（1983）指出：有效能的教師的教學歷程，包括複習以前所學、適當呈現新教材、引導團體練習、適當回饋和矯正、引導獨立練習、定期複習來進行有效教學。

Emmer（1984）指出：有效能的教師主要從溝通單元目標，有

系統的呈現訊息、避免模糊不清、檢查學生瞭解情形、提供練習和回饋進行有效教學。

吳清基（民78）指出：有效教學是指一個教師在教學的過程中，若能重視教學績效，則他必定會講求教學方法，熟悉教材，和激勵關懷學生，以追求最好的教學成效。

林海清（民83）指出：教學效能是指教師在教學活動中透過師生互動的歷程，運用一連串多樣複雜邏輯的策略行動來完成教學責任的信念。其內容包括：(1)教學計畫；(2)教學策略；(3)教學評鑑；(4)教學氣氛。四者得分愈高表示其教學效能信念愈強，愈能掌握影響教學成效。

Marsh（1991）指出：教學效能是一個多向度的評鑑，其內容包括學習價值、教學熱忱、表達清晰、團體互動、和諧師生關係、課程內容、評量方式、課外指定作業、學習難度等九個向度來評鑑教學效能。

Moneys（1992）指出：良好的教師教學效能包括以下六個要項：(1)有效地教導教材的知識；(2)有效地師生溝通；(3)良好的教材組織能力；(4)激勵學習動機的能力；(5)和藹可親的態度；(6)教室管理的技巧等。

McHaney & Impey（1992）指出：教學效能包括：(1)課程設計和發展；(2)教學觀念化策略；(3)教學統整化策略；(4)問題解決的策略；(5)課程教材的呈現方式；(6)課外作業的指定策略；(7)教學活動經驗的評鑑等。

Tang（1994）指出：教學效能的預測因素包括：(1)清晰講述教材；(2)回答學生所提的問題；(3)和藹可親與專業化地對待學生；(4)教學準備要充分等。

單文經（民84）指出：有效教學是教師從事教學工作時，能掌握教學四因素：提示、參與、改正回饋、增強的教學效果大小。並能強調教學提示的品質、學習者的主動參與及激發學生繼續努力的增強，進行有效的教學。

Borich（1994）提出的五項「教師有效教學行爲」，作爲研判教師教學效能的依據：(1)有效教學必須有明確性（clarity）——有效教學是指教學有系統、循序漸進、符合邏輯性、講述內容和目標清楚明確；(2)有效教學必須是多樣性（variety）——有效教學是指教學活動、教學方法和教學內容富變化、多采多姿；(3)有效的教學必須是任務取向（task-orientation）——有效教學是教師教學努力認眞，關心幫助學生學習目標的達成；(4)有效教學必須是全心投入（engagement）——有效教學是指教師準備教學及實際用於教學的時間，能使學生眞正進行有效學習；(5)有效教學必須能提高學習成功率（success rate）——有效教學是指教師投入的教學，能提高學生課程內容學習成功而獲得滿意成果。

陳木金（民86）研究指出：教師教學效能是指教師能透過教學自我效能信念、系統呈現教材內容、多元有效教學技術、有效運用教學時間、建立和諧師生關係、營造良好班級氣氛等六個向度來創造一個有效率的學習環境，營造良好學習氣氛，促進有效教學與學習。

第二節　教師教學效能之功能

教師教學效能的研究旨在探討教師對自我教學能力的看法，以及教師教學實施的情形，進而瞭解和解釋教師的教學行為是如何形成與實施程度，藉以增進教師之教學效能。

Berman等（1977）研究指出：教學效能與學生學習成就息息相關。

Denham & Michael（1984）的研究指出教師效能為一中介變項：教師效能感是導引教師表現知覺、實際表現及學生表現等諸多變項相互關係的一項中介概念。

Fuller等人（1982）研究指出：教學效能是確保學校組織穩定發展或改變的重要因素，高效能的教師有助於改進個人及組織的表現，而低效能通常是形成個人或組織進步的主要阻力來源。

Gibson & Dembo（1984）的研究發現：教師效能與一般所謂的「有效教師」的概念呈正相關。

Clark & Peterson（1986）的研究指出教師效能是教師思維過程的核心：教師思維過程的限制與機會，如教師理念與信念、教師計畫、教師互動，對教師行動及其可觀察的行為，如教師教室行為、學生教室行為、學生成就間的關係是雙向的，且呈因果循環的環狀型態。

Ashton & Webb（1986）的研究指出教師效能是多層面的概念：指出教師對教學行動與結果效應關係的信念與其自我效能知覺

二者的相互統合，直接影響了教師對其本身所能影響學生學習的知覺。

Brophy（1988）研究指出：有績效的教師，對學生懷有較高的期望和責任感，且能積極地參與學校活動。

Smylie（1990）指出：教學效能為一個重要的中介變項，對教師個人之知識、技能、信念、思想和行動。其主要功能：(1)教學效能影響教師之行動、任務和社會情境之抉擇與決定；(2)教學效能影響教師個人之工作的擴展與面對情境的耐力；(3)教學效能影響教師對他人及環境的思考及情緒的反應。

孫志麟（民80）綜合各學者對教師自我效能的看法，指出：(1)教學自我效能是教學成功的要件；(2)教學自我效能是衡量有效教師的有用指標；(3)教學自我效能有助於瞭解教師的工作態度；(4)教學自我效能是指引學校革新或班級教學改進的主要動力。

周新富（民80）研究發現：國小教師效能信念對學生數學成就有顯著的影響，教師效能信念愈高，學生的數學成就也愈高。

梁茂森（民81）研究發現：高職教師之總體教學信念及一般教學信念愈高者，想留校認眞教學之比例愈大，而相離開學校之比例愈小，且其教學信諾感愈高。

林海淸（民83）研究發現：教師教學效能與激勵模式間有正相關。

第三節　教師教學效能探討的內容

Medley（1979）在"The effectiveness of teachers"一文中，指出一位有效能教師有五要素：(1)具有令人滿意的人格特質；(2)能夠有效利用教學方法；(3)能夠創造良好的班級氣氛；(4)精熟各種教學能力；(5)教師是一位專業的決定者，不僅能夠精熟必備能力，而且也知道何時及如何利用這些能力。

Denham & Michael（1981）指出教師自我效能是由認知成分與情感成分所組成的中介變項：在認知成分包括：(1)教師對理想教師能引起學生積極改變可能性的感受；(2)教師對本身能引起學生積極改變能力的評估；在情感成分則是包括教師對此種效能感結合的榮辱感受。

Gibson & Demo（1984）引用Bandura的自我效能理論到教師效能領域的研究。他們指出教師一方面關切行動與結果間效應的因果信念，以「結果預期」評估某一行動將導致某一結果的產生；另一方面以「效能預期」關切個人能成功執行某一行為使之產生結果的信念。

Haigh & Kattern（1984）在"Teacher effectiveness: problem or goal for teacher education"一文中指出，一位有效能的教師必須具備以下六項能力和理念：(1)瞭解有利或有害學生學習的情境，且能敏銳地應用其知識於計畫、教學和評鑑活動；(2)考查自己和他人有關有效教學的信念；(3)承認沒有一種最好的教學方法，

任何有意義的情境都能增加學習的可能性；(4)瞭解教師並不能完全負起學生學習責任，因為並非所有學習情境都可以控制的；(5)具有敏銳地控制各種教學模式能力，而且能彙集與模式有關的策略和技巧；(6)承認沒有有效教學和課程發展的處方，這些都是需要實驗性活動，教師負起研究者的角色和任務。

Ashton（1984）從個人成就感、對學生行為和成就的正向期望、對學生學習的個人責任、達成目標的策略、正向效果、控制感、師生對目標共同感、民主式決定等方面來分析教師自我效能的內涵。

Emmer等（1984）從溝通單元目標、有系統的呈現訊息、避免模糊不清、檢查學生瞭解情形、提供練習和回饋來分析有效教學行為與無效教學行為，對教師教學效能的研究頗具有參考價值。

Ashton & Webb（1986）對教師自我效能的理論與實際作了系統的研究，提出教學自我效能包括：(1)一般教學自我效能——指教師能影響或改變學生學習結果的信念；(2)個人教學自我效能——指教師知覺個人所具備教學技巧或能力的信念，奠定了教師自我效能研究逐漸系統化、理論化、模式化的基礎。

Rosenshine（1986）在於"Synthesis of research on explicit teaching"一文中指出，一位有效教師教學的特徵有以下九項：(1)單元開始時能簡短說明目標；(2)單元開始時，能複習以前所學內容，並說明學習的必要條件；(3)按部就班呈現教材，並使學生能逐步練習；(4)給予學生清楚、詳細的教學和解釋；(5)提供所有學生自動練習機會；(6)提出許多問題供學生回答，俾考查學生瞭解學習內容情形，可從學生的學習過程中獲得一些反應；(7)最初練習時要能引導學生；(8)提供學生有系統的回饋和矯正；(9)不斷練習直到

所有學生都能獨立和有信心。

Guskey（1987）指出教師自我效能受到廣泛的應用到教育各層面之研究，例如，教師自我效能與教師能力、對學生的管理信念、家長參與、教育革新、影響。

Kyriacou（1989）在其名著*Effective Teaching in Schools*中提出了有效教學的基本架構，該架構以：(1)內容變項——教師特性、學生特性、班級特性、學科特性、時機特性、社區特性；(2)歷程變項——教師知覺策略和行為、學生知覺策略和行為、學習工作和活動的特性；(3)結果變項——短期長期認知、情感的教育結果等三種變項研究教學效能。

Smylie（1990）指出：教師自我效能是影響教師工作最顯著的社會心理因素，它是教育改革的中心主題，也是一把提高教學與學校教育品質的鑰匙。

Marsh 等（1991）在「Multidimensional students'evaluations of teaching effectiveness」的研究指出：教學效能是一個多向度的評鑑，其內容包括學習價值、教學熱忱、表達清晰、團體互動、和諧師生關係、課程內容、評量方式、課外指定作業、學習難度等九個向度來評鑑教學效能，並作為平常性回饋和總結性評量的參考。

孫志麟（民80）研究指出教師自我效能是教師從事教學工作時，對自己教學能力的信念。其內容包括：(1)抗衡家庭及社會影響的效能；(2)盡心教學及善用方法的效能；(3)抗衡家長管教負面影響的效能；(4)診斷學習及變通教法的效能；(5)抗衡傳播媒體影響的效能；(6)抗衡學生參照人物影響的效能。

周新富（民80）研究指出教師效能信念，係指教師從事教學工

作時，對其本身所具有的教學能力、對學生影響程度的一種主觀評價。其內容包括：(1)處理問題效能信念；(2)教師教學效能信念；(3)增進學習效能信念；(4)一般教學效能信念。

王受榮（民81）研究指出教師效能感包括一般教學效能感和個人教學效能感兩個層面，教師效能感不僅直接影響教師本身的行為，而且間接影響學生的成就。

Money（1992）在「What is teaching effectiveness」的研究指出：良好的教師教學效能包括以下六個要項：(1)有效地教導教材的知識；(2)有效地師生溝通；(3)良好的教材組織能力；(4)激勵學習動機的能力；(5)和藹可親的態度；(6)教室管理的技巧等。

McHaney & Impey（1992）使用臨床視導的模式進行研究（clinical supervision model）分析和評量，指出教師教學效能包括：(1)課程設計和發展；(2)教學觀念化策略；(3)教學統整化策略；(4)問題解決的策略；(5)課程教材的呈現方式；(6)課外作業的指定策略；(7)教學活動經驗的評鑑等。

劉威德（民83）研究指出教學自我效能的內容，包括：(1)導正家庭及社會影響的效能；(2)學科教學及善用方法的效能；(3)學生常規管理的效能。

林海清（民83）研究指出教學效能應包括教學計畫、教學策略、教學評鑑、教學氣氛四大部分。

張德銳（民83）在〈國小教師教學評鑑系統之研究〉中，歸納整理六個有效能教學領域——清晰、多樣性、關懷、溝通技巧、工作取向、教室管理與紀律。

單文經（民84）在〈有效教學的知識基礎〉中，提出教學四因素——提示、參與、改正回饋、增強的教學效果大小，指出教學的

行為模式應強調教學提示的品質、學習者的主動參與及激發學生繼續努力的增強，進行有效的教學。

Tang（1994）在於「Factors related to the overall teaching effectiveness」的研究中指出：教學效能高、低的預測，可以使用以下教學效能評鑑的因素來加以評估，其包括：(1)清晰講述教材；(2)回答學生所提的問題；(3)和藹可親與專業化地對待學生；(4)教學準備要充分等。

第四節　教師教學效能的研究取向

吳清山（民79）指出：教師效能的研究，最初著重於有效能教師的特徵，後來又致力研究有效能教師的教學方法，最近又偏重於班級中師生關係之研究，這些研究取向的主要目的乃在於探討一位有效能教學對學生的影響。以下分別從教師自我效能信念、教師教材組織與呈現、教師教學技術、學習時間運用、建立師生關係、營造班級氣氛等六個研究取向來找出高教師教學效能的指標。

一、教師自我效能信念的研究取向

Guskey（1988）研究指出：教師效能感愈高，學生成就愈高。由此推論教師效能感與學生成就的關係相當密切。

Onosko（1989）曾比較在提升學生思考能力，研究結果發現

高效能信念教師具以下六項特徵：(1)集中某些教材的主題，而不嘗試表面的教導太多教材內容；(2)教學進程相當具有一致性和連續性，教師較少介紹錯誤的概念，不合邏輯的教材內容呈現和不適當的轉接等；(3)學生被提供適當的時間思考，亦即給予足夠的等待時間以問答問題；(4)教師提出有結構的、有挑戰性的問題；(5)教師是深度思考的示範者，如教師欣賞學生理性的或特殊的想法，告知學生問題的本質，解釋自己思考推理的過程等；(6)教師要求對結論做解釋或推理的次數較多。

周新富（民80）研究發現：教師效能信念對學生數學成就有顯著的影響，教師效能信念愈高，學生的數學成就愈高。

二、教師教材組織與呈現的研究取向

Flanders（1970）研究發現：教師以學生為中心，讓學生主動參與學習過程的設計，教師從旁指導的間接式教學方式，與學生成就有正相關。

Stallings & Kaskowitz（1974）以低社經地位學生為研究對象，採用以教師為中心，主導整個教學過程的直接式教學方式，研究結果發現：學生學習成就分數要比學生獨自學習為佳。

Rosenshine（1986）指出教學效能較高的教師所具有的特質，諸如清晰、功課導向、活潑有彈性，以及講授的內容有組織、有體系，並且能偶爾採用學生的看法。且歸納出有效教學的六個步驟：(1)每天複習，檢查家庭作業，以及在必要時進行重新教學；(2)以細步化的方式，迅速地呈現新的教材和技能；(3)在教師的督導之下，

學生進行練習；(4)施以改正的回饋及教學的增強；(5)在教室中獨自練習，並且分派家庭作業，務期做對90％以上；(6)每週、每月的複習。

三、教師教學技術的研究取向

黃光雄（民77）在《教學原理》一書中，將教學的技術分為動機的激發、發問的技巧、討論的技巧、媒體的運用、教室的管理五大項加以探討。

張德銳（民83）在〈國小教師教學評鑑系統之研究〉，將有效教學的多樣化包括：引起並維持學生注意力、能用多種不同教學方法、能運用多媒體、能使用各種不同的發問技巧，以激發學生的思考及探測學生的學習。

單文經（民84）在〈有效教學的知識基礎〉中指出，有一些教學的教學方法和媒體力係附隨著提示、反應、改正回饋與增強等的情意及資訊性的內容有了改善，這些方法即會顯示相當大的效果。

李咏吟（民84）在〈高教學效能教師的規準〉中，將教學技術列為有效教師教學的外顯指標。

四、學習時間運用的研究取向

Berliner（1979）研究美國加州二十五個二年級教室及二十五個五年級教室，利用三種表示時間的量數來觀察記錄參與學習的時

間總量：(1)分配的時間：指教師爲某一教學活動所安排的時間總量；(2)專注的時間：指學生在分配的時間內專注於教學活動或教材的時間總量；(3)學科學習時間：指學生參與學科上適當的教材和活動的時間總量，進行教師所用教材或活動的困難程度之研究。

Denham & Lieberman（1980）也針對「學習時間」進行研究，其研究結果發現：有效能的教師可以分配較多的「學科學習時間」而不致影響到學生對學習「專注的時間」。

Rosenshine（1980）研究有關時間分配、專注時間、教室佈置和班級間之差異發現：二年級學生在有效率教師的班級者比在無效率教師的班級者專注於學科學習的時間，每天多出五十分鐘；五年級學生在有效率教師班級者比在無效率教師的班級者，專注於學科學習的時間，每天多出六十分鐘以上。

張德銳（民83）在〈國小教師教學評鑑系統之研究〉，將「有效地利用教學時間」列爲教學有效教學行爲的重要指標之一。

王淑俐（民85）在〈教學表達能力檢核表之編製與運用〉，將教師「時間控制」能力，列爲教學表達能力的重要指標。

五、建立師生關係的研究取向

Brophy & Good（1974）進行教學效能的研究，結果發現教師的期望行爲會影響到學生表現。

Brophy（1988）之研究亦發現：一位有效能教師，認爲其學生是有能力學習，則教師也會有能力來教學。也即是教師期望學生學習，則教師會依其期望教導學生。

Good & Weinstein（1986）提出教師期望模式的五個步驟：
⑴教師從特定的學生期望特定行為和成就；⑵因為這些不同的期望，教師對不同的學生產生不同的行為；⑶告知學生們，教師所期望的行為和成就是什麼，因此影響到學生的自我概念、成就動機和抱負水準；⑷高度的期望將產生高度的成就水準，低度的期望將產生低度的成就水準；⑸經過一段時間以後，學生的成就和行為將與教師原初所期望的表現，愈來愈密切。

張世平（民72）研究發現：高中生的教師期望與學生的學業成就有密切的關係，且教師期望對學生成就頗具明顯的影響力。

李咏吟（民84）指出教師若能與學生維持良好的師生關係，則學校的學習環境對學生而言是吸引人的，是振奮與愉悅的，教師對學生在學業和人格成長方面的影響力也相對地提昇。並提出建立良好師生關係的七個原則：⑴教師是友善的，但卻是堅持原則的；⑵教師僅建立少數「不可接收的行為」，並與同學討論及說明訂定行為標準；⑶教師在上課時及上課外，與學生交談、接觸，並把握心理輔導之專業特質如溫暖、傾訴、接納、設身處地等技術；⑷避免威脅學生；⑸在以「先嚴後寬」的原則建立教室管理後，應逐漸鬆綁，讓學生能自律自強；⑹熟練運用不同的管理技術，如增強、懲戒、情境協助、自我控制與自我管理；⑺師生相互允許另一方發展其獨特的個性與創造力。

高強華（民84）在《樂在教學──提昇教學的品質》一書中，提出促進良好師生關係的途徑包括：⑴認清教育的目標，建立師生共同的價值觀念；⑵瞭解教師期望的影響，善用教師期望的影響；⑶表現良好的教學知能和態度，提昇教學效率；⑷善用鼓勵與輔導診斷，表現專業形象與風格；⑸建立師生情感交流彼此關懷的管道

或制度，提供機會等；(6)言教身教境教制教多管齊正，俾能發揮綜合的效能。

六、營造班級氣氛的研究取向

陳奎憙（民77）指出：班級氣氛乃藉著班級社會體系中各成員間的交互作用而產生，由各成員之間的價值觀點、態度、期望與行為交互影響，經過一段時間之後，自然形成一種獨特的氣氛，瀰漫在整個班級之中，它影響每個成員的思想、觀念或行為模式。並且班級氣氛形成一種社會壓力，不知不覺地塑造了學生的態度與價值觀，進而影響了學生在教室中的學習活動與學習成就。

張德銳（民83）研究國民小學教師有效教學行為，將教師之教室管理與紀律列為重要因素之一，其內容包括：(1)妥善佈置教室環境，增進學習效果；(2)建立教室常規和程序，激發兒童自治自律；(3)有效運用獎賞手段，增強兒童良好行為；(4)謹慎運用處罰手段，制止兒童不當行為。

Braskamp, Brandenbury & Ory（1984）在《教學效能評鑑》一書中，將「班級氣氛」列為教學效能的重要評鑑指標之一。

教師教學效能研究的理論基礎

教師教學效能理論的研究，除了受時代背景的影響之外，各國更有其獨特的理論基礎與社會需要，以致各自發展不同的模式。雖然如此，但大概也可以歸納出其研究發展的軌跡，以下試將教學效能的研究發展歸類分為創始、建立、轉變、充實四個時期加以探討。其中一派主要以Bandura自我效能理論為核心，透過自我效能及教師信念，建立教師效能的基本架構；另一派則主要係以1960年代的績效和能力本位運動（competency based movements）為理論核心來認定教師行為與學生成就的關係，提倡「有效教學」之研究。

　　回顧國內對於教師教學效能的研究，部分研究者集中於教師自我效能研究，通常以教師主觀地評價自己能夠影響學生學習成敗的一種知覺、判斷或信念，並預期學生可達到一些特定教育目標或有進步表現結果；另有部分研究者則集中於是以有效教學為重心，並指出教師在教學工作中應講求教學方法，熟悉教材，和激勵關懷學生，能夠使學生在學習上或行為上具有優良的表現。然而有關於教師教學效能的理論研究，目前國內仍然較少，本章擬就教師教學效能理論的科學研究與理論發展作一歸納，以作為教師教學效能理論發展的參考。

第一節　創始期

一、教學歷程與教師先前經驗研究對教學效能研究的影響

　　教師教學效能研究在美國的發展可溯因於1930年至1960年，其主要的代表人物爲J. Wrightstone與D. Beecher等人。他們研究評估教師在班級教學中的表現，並提供教師回饋之用，所採用的研究方法是以觀察法爲主，所觀察的行爲是根據以往的經驗所選擇出來的，作爲其期望的、主觀的教學效能判斷（Borich, 1986）。Borich即以之爲教學效能研究的創始，而以該年代作爲教學效能研究的濫觴。

　　Borich（1986）歸納此一時期學者所持的哲學和理論觀點，將此一時期歸類爲「歷程—先前經驗派典」教學效能研究。如**表9-1**所示。

二、Bandura自我效能理論的貢獻及對教學效能研究的影響

　　在缺乏理論基礎的情況下，教學效能研究初期的重心主要仍在於教師自我效能的影響，依Bandura的觀點，效能感乃是個人對本

表 9-1 「歷程─先前經驗派典」教學效能研究

項　　目	重要內容
時　　間	1930 年-1960 年
目　　的	評估教師表現供回饋和保留之用。
測量的方式	選擇一些行為的出現或未出現的評量，它是來自先前經驗的描述和詮釋。
教師有效教學行為實例	(1)對教學表現喜愛之心。 (2)不暴躁的、不嘮叨的。 (3)精熟教材內容。 (4)能夠回答學生問題。 (5)維持班級良好紀律。 (6)具有吸引力。 (7)穿著整齊。 (8)體恤的。 (9)表現領導力。
優　　點	利用廣泛共享意義來代表教師行為。
缺　　點	(1)選擇行為是主觀的，有時是不合理論的。 (2)缺乏訓練手冊，很少或沒有訓練觀察員。 (3)行為常常是相當複雜，包含兩種以上的單一行為。 (4)行為被視為教師一種好現象，可是卻未見到它對學生學習結果的意義。

資料來源： "Paradigms of teacher effectiveness research: Their relationship to the conecpt of effective teaching. (p.146)"，by G. D. Borich, 1986, *Education and Urban Society*, 18 (2).

身執行某一事物能力的效能預期。他的自我效能研究很重視認知與動機的關係，首先，他認為個人構想中所呈現的未來結果，在認知上提供了動機的第一來源，個人據以產生行為的動力；其次，個人經由目標設定與自我評估，產生效能的預期是為動機的第二來源。個人經由「結果預期」與「效能預期」的概念系統中，力求掌握事態的期望，影響其對應行為的發生與持續，個人對其本身效能的信念強度，可能影響著個人的思想與感情、對活動的選擇、所投下的心力及面對困難時堅持的程度（Bandura, 1977）。且指出效能感的四項主要資訊來源包括：(1)表現的結果（performance attainment）；(2)觀察他人表現的替代經驗（vicarious experience）；(3)言詞說服（verbal persuasion）與應用某人具某種能力的社會影響力；(4)據以判斷本身能力、力量及弱點的生理狀況（physiological status）。並以三個不同的向度來衡量自我效能：(1)個人在面對情境時所採取的對應行動有著重要涵義的幅度（magnitude）；(2)個人在面對情境時所採取的對應行動有著重要涵義的普遍度（generality）；(3)個人在面對情境時所採取的對應行動有著重要涵義的強度（strength）。

　　Bandura的卓見，從歷史觀點而言，具有極重大之意義。因為根據其多年對自我效能研究經驗所揭示的原則，影響爾後數十年的教師自我效能研究，為眾多教學效能研究學者奉為圭臬，其所提示的效能感資訊來源與衡量指標，在往後數十年亦陸續發展成為更具效益的措施（Symlie, 1990）。

第二節　建立期

一、系統觀察與績效制度對教學效能研究的影響

　　教學效能的發展與班級教學的研究有極爲密切的關連，因此自從1955年起D. Ryans即有系統地探究教師行爲歷程與學生一般行爲之關係，進行「歷程—系統」的教學效能研究；1965年起J. Brophy、C. Evertson、T. Good、D. Grows等人根據績效制度和能力本位運動的精神，進行「歷程—結果」的教學效能研究，並加強研究者對班級教學的觀察、教師個別差異現象的認識及教師行爲對學生成就的相關研究。因此，有關教學效能研究的分析與整理亦得到相當的進展，此一時期可謂「教學效能」研究理論獲得實質上建立的階段。以下從「歷程—系統」、「歷程—結果」的教學效能研究加以探討。

■「歷程—系統」的教學效能研究

　　歷程—系統性研究約自1955年至1965年，主要代表人物D. Ryans等人。D. Ryans曾利用有系統地觀察和評估教師和學生班級行爲，來描述教與學的歷程。其所觀察和評估的教師行爲，如警覺性、彈性、愉快的、幽默感等；而學生行爲，如警覺性、責任、信

心、反應等（Borich, 1986）。Borich指出此一研究結果為教學效能研究提供重要理論依據。

Borich（1986）歸納此一時期學者所持的哲學和理論觀點，將此一時期歸類為「歷程─系統性派典」教學效能研究。如**表9-2**所示。

■ **「歷程─結果」的教學效能研究**

歷程─結果的研究約自1965年至1980年，主要代表人物J. Brophy、C. Evertson、T. Good、D. Grows等人，根據績效制度和能力本位運動（competency based movements）的精神研究教學效能。其主要目的在認定教師行為與學生成就的相關，其所採用的測量方法與「歷程─先前經驗」、「歷程─系統」二派不同，它是利用低推論性班級觀察，而不是高推論性評估，並採用個別的行為分析代替整體的分析等（Borich, 1986）。Borich指出此一研究結果強調師生之間的互動關係，探討教師行為與學生成就間的因果關係，要比前述二派更為密切。

Borich（1986）歸納此一時期學者所持的哲學和理論觀點，將此一時期歸類為「歷程─結果派典」教學效能研究。如**表9-3**所示。

二、學生管理理念與蘭德公司研究報告對教學效能研究的影響

有關教師效能感的研究，在教育文獻中有二個重要的研究報告：(1)Barfield & Burlingame（1974）對教師之學生管理理念的

表 9-2 「歷程─系統性派典」教學效能研究

項　目	重要內容
時　間	1955 年-1965 年
目　的	描述教師像什麼及他們的教學行為。
測量的方式	採用評估量表(3 至 9 等級選擇式反應項)，題目是屬於一般性、高度推論性評估。
教師有效教學行為實例	(1)警覺的。 (2)彈性的。 (3)幽默感的。 (4)友善的。 (5)有效率的。
優　點	(1)行為觀察是以有系統地研究為基礎。 (2)行為的程度不只是測量其出現或未出現。 (3)利用書面訓練手冊俾能進行標準化觀察過程。 (4)訓練觀察員，俾能達到信賴水準。
缺　點	(1)測量的行為與學生認知成就測驗無關，只是測量一般的班級行為。 (2)有些行為與人格之密切關係，甚於教師教師技巧或能力。

資料來源： "Paradigms of teacher effectiveness research: Their relationship to the conecpt of effective teaching. (p.148)"，by G. D. Borich, 1986, *Education and Urban Society*, 18 (2).

表 9-3 「歷程─結果派典」教學效能研究

項　　目	重要內容
時　　間	1965 年-1980 年
目　　的	認定教師行為與學生成就間的相關。
測量的方式	利用 10 至 160 種不同的行為範疇，進行低推論性班級觀察；並利用標準化成就測驗來測量結果。
教師有效教學行為實例	(1)稱讚學生。 (2)利用學生觀念。 (3)講演提供回饋。 (4)問問題。
優　　點	(1)行為是個別的和獨立的。 (2)他們的測量比以前更正確。 (3)由於有手冊和訓練，觀察具有高度的可信度。 (4)強調教師行為與學生成就間的互動關係。
缺　　點	(1)行為的建構效度不允許集合整個研究結果。 (2)有時同樣行為有不同的操作型定義。 (3)從一些發現類化到較大的觀察。 (4)利用常模參照測驗來測量學生行為，排除了教師與學生學習結果的密切關係。

資料來源： "Paradigms of teacher effectiveness research: Their relationship to the conecpt of effective teaching. (p.152)", by G. D. Borich, 1986, *Education and Urban Society*, 18 (2).

探討；⑵美國蘭德公司 (Rand Corporation) 的兩項研究報告，對教師效能感發展有系統的建立。以下從這方面加以探討：

■ Barfield & Burlingame的研究

Barfield & Burlingame (1974) 的研究旨在探討教師效能感與其學生管理理念的關係。其評量教師效能感時，採用的教師效能評量量表 (The Teacher Efficacy Scale) 係評量教師個人行動的態度，個人自覺有效能者，可能參與該項活動。其量表包含了五個題目，以「同意」、「不同意」擇一回答的方式，評量個人對改變其情境所表現的無力感。其研究結果顯示，低效能感教師對學生管理較採監督取向，小學教師比中學教師更採人文取向。

■ 美國蘭德公司的兩項研究報告

Armor 等人的研究

1970年代，美國加州洛杉磯聯合學區董事會 (The Board of Education of Los Angeles United School District) 一直以增進學生之閱讀能力為其努力目標。為促進此一目標的達成，該學區聯合董事會在1972年開始推展一項「學校閱讀優先計畫」 (School Prefered Reading Program)，為瞭解該項計畫對學區內少數民族學生閱讀進步之影響。1975年委託蘭德公司進行探討有助於提高學生閱讀成就之學校教室策略及其相關因素之研究，根據 Armor (1976) 等人研究報告指出：有助於提高學生閱讀能力的因素很多，但是其中以教師個人屬性及一般教室氣氛特別重要，且教師態度比其背景變項更為重要。根據其分析，發現在教導少數民族學生中，最有效率的閱讀指導教師普遍地懷有一股強烈的個效能

感（sense of personal efficacy），這些教師相信，即使學生家庭背景或學習動機不佳，也能經由教師教導而使這些學生有高的學習成就。這些具有高度效能感的教師對學生持有信心，激勵學生、改善學生的自我概念，並經由他們的教導對學生產生積極的效果（Armor et. al, 1976）。

Berman等人的研究

　　1973年至1977年間，蘭德公司在美國教育總署的贊助下，從事一項聯邦基金的「變遷動因的研究計畫」（Change Agency Study），該計畫旨在爲公立學校介紹並推動教育革新實務。這些革新計畫，通常在於提供短暫的聯邦基金，作爲學區的前導經費，一旦教育實務革新成功，學區往後就會傳佈這種經驗，或再把其他基金的資源運用於革新計畫。蘭德公司的研究，就在於分析這些聯邦政策對地方革新過程的影響，其研究結果發現，影響地方教育革新的過程有四個要素：(1)機構的動機；(2)計畫的執行策略；(3)機構的領導；(4)教師的特徵。該研究蒐集了多項影響學生表現及革新成果的教師屬性，如年齡、教育背景、語文能力、任教年資、效能感，經分析後發現「效能感」是最重要的變項，教師效能感與計畫目標完成百分比、教師改變的總量、改進學生表現總量、計畫方法、計畫內容的持續性都有積極的正相關存在（Berman et. al, 1976）。

　　上述數個研究在1970年代後已普遍使用「教學效能」的概念，且隨時代的需求與變化，對「教學效能」有數次修訂。除此之外，此一時期，更因統計學的發展及測驗技術的改進，有更多「教學效能」測驗陸續發展，以客觀標準化的方式探究個人以及教學效能的各種特質，甚至發展出教學效能上重要的指標，對教學效能研究提

供實質的助益。

第三節　轉變期

一、實驗研究與過程技能對教學效能研究的影響

　　教學效能的發展與班級教學歷程的實驗研究有極為密切的關聯，因此自從1972年起N. Gage、W. Borg、H. Klinzing等人，以實驗變項的控制，研究教學效能間變項之因果關，進行「實驗性派典」的教學效能研究；其次1978年起T. Good、T. Beckerman、T. Stallings等人探討教師行為歷程與學生行為歷程的相關，進行「歷程—歷程」的教學效能研究。因此，有關教學效能研究的分析與整理亦得到轉型的發展，此一時期可謂「教學效能」研究理論獲得實質上建立的階段。以下從「實驗性派典」、「歷程—歷程」教學效能研究加以探討：

■ 「實驗性派典」的教學效能研究

　　實驗性派典的研究約自1972年至現今，其主要代表人物N. Gage、W. Borg、H. Klinzing等人。研究目的主要包括：(1)以實驗式的歷程—結果，探討教師歷程與學生成就的因果關係；(2)以實驗歷程，探討所選擇的教師訓練程序與教師歷程行為的因果關係。

其所利用的方法是經由實驗變項控制，研究變項之間的因果關係，所以各種變項需要進行操作型定義，才能使得研究結果具體明確，並進而將研究結果應用到實際的班級教學上等（Borich, 1986）。Borich指出此一研究結果為教學效能研究提供重要研究依據。

Borich（1986）歸納此一時期學者所持的哲學和理論觀點，將此一時期歸類為「實驗性派典」教學效能研究。如**表9-4**所示。

■ 「歷程─歷程」的教學效能研究

歷程─歷程的研究約自1978年至現今，主要代表人物T. Good、T. Beckerman、T. Stallings等人，其主要目的在探討教師行為歷程與學生行為歷程的相關，可提供決定不同班級實務的效能、課程內容及增進學生參與學習歷程的教學行為，其研究的重點在於教學行為與學生學習工作時間的相關，內容包括：(1)教學目標與學習工作的配合；(2)學生學習工作中的成功率。此派採用的測量方式，係經選擇一套變項，來測量學生是否主動接受或具有學習單元知識。

其活動如觀察員觀察學生上課行為，包括：(1)學生眼睛與教師的接觸；(2)學生面部表情；(3)身體姿能等行為（Borich, 1986）。Borich指出此一研究結果強調這些行為是否與學生認知活動有密切關係，是教學效能的關鍵。

Borich（1986）歸納此一派典學者所持的哲學和理論觀點，將此一時期歸類為「歷程─歷程派典」教學效能研究。如**表9-5**所示。

表 9-4 「實驗性派典」教學效能研究

項　　目	重要內容
時　　間	1972 年-現今
目　　的	(1)探討所選擇的教師行為與學生成就的因果關係。 (2)探討所選擇的教師行為與訓練技巧，如微縮教學、微縮諮商、教師回饋間的因果關係。
測量的方式	利用 10 至 30 種不同的行為範疇，進行低推論性班級觀察，探討所選擇教師行為與學生成就的因果關係，其次也利用效標參照測驗。
教師有效教學行為實例	從歷程—結果研究中，選擇一些測量的行為，但是其必須具有明確的操作型定義。
優　　點	(1)因果推論可供教師訓練之參考。 (2)研究較為小型，可更具有嚴謹性。 (3)比歷程—結果研究更易於解釋，結果很少有矛盾。 (4)使用效標測驗更能測出教師行為與學生成就關係。
缺　　點	缺乏對效度有內在影響的控制，如利用全班學生和不等的控制組。

資料來源： "Paradigms of teacher effectiveness research: Their relationship to the conecpt of effective teaching. (p.155)"，by G. D. Borich, 1986, *Education and Urban Society*, 18 (2).

表 9-5 「歷程—歷程派典」教學效能研究

項　　目	重要內容
時　　間	1978 年-現今
目　　的	研究和控制教師活動歷程，這種歷程與學生行爲歷程有密切關係。
測量的方式	對教師和學生進行低推論性的班級觀察，利用班級座位表來追蹤學生行爲的歷程。
教師有效教學行爲實例	(1)教師上課行爲表現。 (2)學生學習時間行爲表現。 (3)學習工作的難度適當。
優　　點	(1)提供改變班級實務。 (2)課程改變和教師行爲的方式，可增進學生參與學習的過程。
缺　　點	(1)常常利用間接式測量工作行爲，如學生看窗外，它與認知功能無關，特別是高層次認知功能。 (2)有些研究無法測量所花費在有關學習工作，是否在一個適當的難度上。 (3)很少提供爲什麼學生參與或不參與的線索。

資料來源： "Paradigms of teacher effectiveness research: Their relationship to the conecpt of effective teaching. (p.159)"， by G. D. Borich, 1986, *Education and Urban Society*, 18 (2).

二、中介概念與教師思維過程研究對教學效能研究的影響

有關教師效能感的研究，在教學效能爲「中介變項」與教師思維過程領域的研究：(1)Denham & Michael（1981）教學效能「中介變項」理論的探討；(2)Clark & Peterson（1986）的教師思維過程中的效能感研究，增進我們對教學效能更進一步的瞭解。以下從這兩方面加以探討：

■ Denham & Michael教學效能「中介變項」的研究

Denham & Michael（1981）研究指出，教師效能感是導引教師表現知覺、實際表現及學生表現等變項相互關係的中介變項，教師對其教學效能的信心，是使其教學更有成效的保證。其教師效能感研究包括三項主要成分：

1. 教師效能感：此概念係由認知的和情感的兩部分組成，此二部分均有幅度、普遍度、強度。其評估取決於：
   - 相信理想的教師對特定情境中特定學生所能引起積極改變的程度。
   - 相信本身對特定情境中特定學生所能引起積極改變的程度。
2. 先前條件：包括教師訓練、教學經驗、制度變項、個人變項、因果歸因五個範疇。
3. 可評量的行爲結果：評量教師行爲與學生行爲結果的幅度、

普遍度、強度，包括：

- 教師行為，如教師的教室行為、對教育革新的支持、專業
  活動、留任教學。
- 學生行為：學生的學業成就、情感陶冶、行為成熟等。

Denham & Michael提出的「中介概念」，指出了教學效能為情境因素與教師行為及其所影響學生行為的中介因素，對教學效能的研究是一種重要的論點，對教學效能概念的釐清有高度的貢獻。其中三個主要成分的關係如**圖9-1**所示。

■ Clark & Peterson教師思維過程中效能感的研究

Clark & Peterson（1986）研究指出，教師教學過程涉及「教師的思維過程」與「教師的行動及可觀察的結果」兩個重要的層面，教師效能感是教師思維過程的核心。其針對教師思維與行動模式的研究，包括三項主要成分：

1. 教師思維的過程：包括教師的計畫，如行動前與行動後的思維、教師的互動思維決定、教師的理論與信念，如教師對教學與學生的看法。基本教師思維過程以其效能為核心，影響著教師的計畫及互動的思維與決定。

2. 教師行動與可觀察的結果：包括教師的教室行為、學生的教室行為、學生的學習成就。其間教師教室行為與學生教室行為相互影響，進而影響學生的學習成就。

3. 限制與機會：對教學過程的完整瞭解，必須注意到影響教學過程的限制與機會。

   - 限制：教師的行動經常受到限制，如學校環境、校長支持

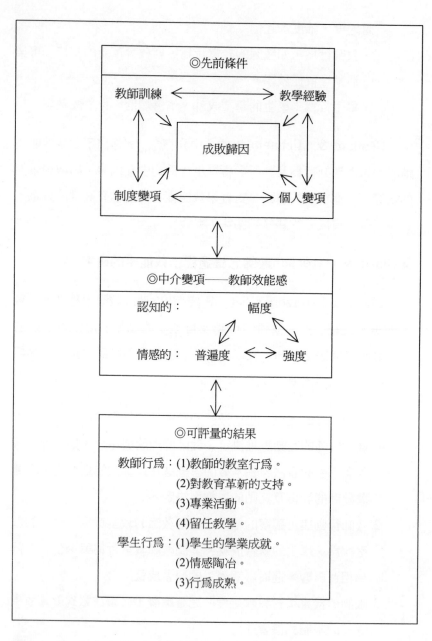

圖 9-1　Denham & Michael「**中介概念**」研究模式圖

度低、社區支持度低、課程內容……自然情境或外在影響。

・機會：教師在某些作為上也受到機會的影響，如有些學校行政或校長給了教師在課程教學上較高的彈性、讓教師有機會從事教學計畫與教學決定等。

教師的主要動因在於教師所持的理論與信念，也即是「教師效能感」。對於教學效能的研究是一種新穎的論點，對教學效能概念的釐清有高度的貢獻。其中三個主要成分的關係如**圖9-2**所示。

第四節　充實期

一、歷程—歷程—結果觀念對教學效能研究的影響

歷程—歷程—結果觀念的研究約自1978年至現今，主要代表人物G. Fisher等人。此派典可說是結合歷程—歷程派典與歷程—結果派典之研究。其主要目的在探討教師行為歷程、學生行為歷程與學生學習成就的關係，可提供教師改進其上課行為，注意學生學習歷程，進而增進學生學習的成就。其研究的重點內容包括：(1)考慮學生的反應；(2)注意學習的心理過程——如轉換、預習、工作毅力、時間利用、主動學習時間；(3)學生參與學習工作的調節歷程；(4)調節歷程行為、教師行為與學生成就的關係。此派採用的測量方式，

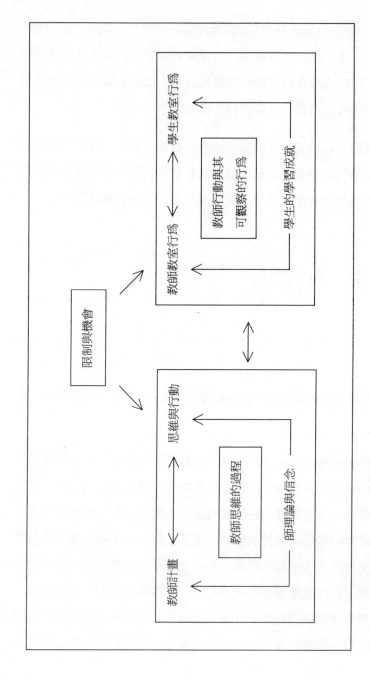

圖 9-2 Clark & Peterson「教學思維與行動模式」圖

必須以直接進行班級行為觀察為依據，使用常模參照測驗或效標參照測驗，來測量教師歷程、學生歷程來預測學生的學習成就與成長（Borich, 1986）。Borich指出此一研究結果強調教師行為歷程、學生行為歷程是否與學生學習成就有密切關係，是教學效能的關鍵。

Borich（1986）歸納此一派典學者所持的哲學和理論觀點，將此一時期歸類為「歷程—歷程—結果派典」教學效能研究。如**表9-6**所示。

二、多向度概念對教學效能研究的影響

Aston & Webb（1986）研究指出，教學效能是教師經由訓練過程與經驗，及在不同情境激勵不同學生學習，所發展的一套「一般教學效能信念」與「個人教學效能信念」，並指出其是一種階層式組織且相互影響的多向度建構概念（multidimensional construct concept）。其針對教師效能多向度建構概念研究分析，包括四項主要成分：

1. 結果與預期：這是指教師對行為—結果效應的一般性信念，這些信念係指教師對行動與結果二者間的效應關係所持有的效能預期。
2. 一般的教學效能：這是指教師對一般教師教學工作所能影響學生學習的效能預期，此一效能預期有部分係源自於他們對行動與結果二者間效應關係所持的效能預期。

表 9-6 「歷程─歷程─結果派典」教學效能研究

項　目	重要內容
時　間	1978 年-現今
目　的	探討教師歷程、學生歷程和學生成就作爲教─學系統的一部分。
測量的方式	類似歷程─歷程研究，進行班級的觀察，使用常模參照測驗或效標參照測驗。
教師有效教學行爲實例	(1)教師上課行爲表現。 (2)學生學習時間行爲表現。 (3)學習工作的難度適當。 (4)稱讚學生。 (5)利用學生觀念。 (6)講演提供回饋。 (7)問問題。
優　點	提供一個實證性的標準化研究，在學生歷程行爲上，是研究學生成就所想要的前提。
缺　點	研究認爲是可觀察的，但是間接指出學生參與的是認知歷程的原因，而不是致使學生學習的因素。

資料來源： "Paradigms of teacher effectiveness research: Their relationship to the conecpt of effective teaching. (p.160)" , by G. D. Borich, 1986, *Education and Urban Society*, 18 (2).

3. 個人的自我效能：這是指教師對本身的行動所能產生預期結果的一般性信念，此種信念也是源於他們對行動與結果二者間效應關係所持有的效能預期。

4. 個人的教學效能：這是指教師對教學行動與結果效應關係的信念，與其自我效能知覺二者的相互統合，直接影響了在特定教育情境中教師對本身所能影響學生學習的效能預期。

Aston & Webb教學效能的多向度概念研究，是根據Bandura自我效能理論中的「結果預期」與「效能預期」，在教育情境中的進一步應用，對教學效能概念的釐清有高度的貢獻。其中四個主要成分的關係如**圖9-3**所示。

綜觀上述教學效研究發展的階段性軌跡，可發現教學效能研究雖因發展時日尚短，仍有許多課題值得進一步加以探討，但在研究方面相當深厚的理論基礎與具體教師效能訓練措施，其間乃因無數有識之士，投入龐大經費與人力從事各方面的基礎研究，致有此種成果，教學效能研究理論發展的歷史軌跡的探究實有值得本研究借鑑之處。

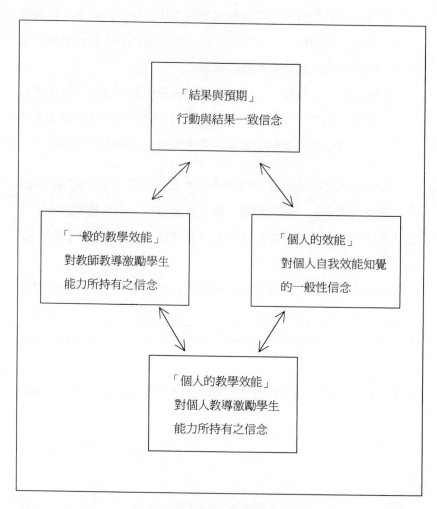

圖 9-3　Aston & Webb 教師效能的多向度模式圖

教師教學效能的評鑑與自我檢核

教師在於教學活動中所要注意的事項很多，如何在龐雜的教學活動中理出頭緒把握重點，使得教室裡的教學活動能有系統地依教育的原理正常運作，教師就必須講求「教師教學效能」，才能成為一位高效能的教學工作者。但是，教師應具備哪些教師教學效能？教師教學效能的內容應包括哪些？教師如何覺察其教師教學效能現況？無疑的，建立一個客觀評量的檢核表以作為教師進行自我檢核的參照標準是非常必要的。

　　據此動機及需要，筆者研究發展出一套適切的教師教學效能量表，作為進一步實施教師班級經營評鑑指標與教師教學效能自我檢核之參考（陳木金，民86）。

第一節　教師教學效能的向度與變項分析

　　Guskey（1981）編製「學生成就責任問卷」（The Responsibility for Student Achievement Questionnaire，簡稱RSA）來測量教師效能，內容包含三十個題目，由受試者就正向或負向題目予以回答。Gibson ＆ Dembo（1984）編製「教師效能量表」（Teacher Efficacy Scale）係以多向度模式來測量教師效能。其內容包含「個人教學效能」與「一般教學效能」兩個層面，共計三十題，採用李克特式六點量表（從非常不同意到非常同意）。此量表曾經過因素分析、多重特質——多重方法分析，及班級觀察三個步驟進行考驗，亦獲得支持。故目前許多研究者喜愛採用此量表研究教師效能。

Burry & Shaw（1988）編製「自我專業量表」（Inventory of myself as a Professional，簡稱IMP）係一種形性評估量表，內容包含「師生關係」、「專業態度」、「專業技巧」三個分量表，共有三十六題。採用李克特式五點量表（由從未眞實的到差不別經常眞實的，依序給1—5分）。此量表有二種型式，一是自我報告型式，另一是觀察型式目的在診斷教師效能。

　　孫志麟（民80）編製「教師自我效能量表」，理論係依據Gibson & Dembo（1984）「教師效能量表」，旨在測量教師對自己教學能力的信念，適用於國民中小學教師，以李克特式六點量表讓填答者作答。此量表共二十三題，經信度、效度分析皆佳，內容包含六個分量表：「盡心教學及善用方法的效能」、「診斷學習及變通教法的效能」、「抗衡家庭及社會影響的效能」、「抗衡家長管教負面影響的效能」、「抗衡傳播媒體影響的效能」、「抗衡學生參照人物影響的效能」。教師在此量表之得分越高，表示其教學自我效能的信念越高。

　　梁茂森（民80）編製「教學效能信念問卷」，理論係參酌Gibson & Dembo（1984）、Hillman（1986）之問卷，加上研究者實際任教小學經驗，經項目分析、因素分析、信度考驗、效度考驗後，編製而成十五題，內容包含四個分量表：「處理問題效能信念」、「教師教學效能信念」、「增進學習效能信念」、「一般教學效能信念」。

　　王受榮（民81）編製「教師效能感量表」，係以Ashton等人的教師效能感理論為基礎，將教師效能感量表分成評量「一般教學效能感」與「個人教學效能感」，參照蘭德公司兩大題目的敘述方式，並參考Gibson & Dembo（1984）「教師效能量表」，以教學

工作可能面對的各種情況為題材，編成各式各樣的敘述句，以五等量表讓填答者作答。此量表共四十題，經信度、效度分析皆佳，用以評量「一般教學效能感」與「個人教學效能感」各二十題。

梁茂森（民81）編製「教學效能信念量表」，理論係參酌Gibson & Dembo (1984)、Woolfolk & Hoy (1990) 等人對於教師效能的研究，採用其架構，配合高職教育實際，去除較細小問題，經因素分析、信度、效度考驗後，編製而成十二題，內容包含二個分量表：「一般教學效能信念」、「個人教學效能信念」。

劉成德（民83）編製「教學自我效能量表」，理論係參考Gibson & Dembo (1984)「教師效能量表」、王受榮（民81）「教師效能感量表」、孫志麟（民80）「教學自我效能量表」，再針對國中教師教學工作特性加以編製。旨在測量國中教師對於自己教學工作能力的信念，共有二十六題，分成三個分量表，內容包含「導正社會大眾影響的效能」、「個人從事學科教學的效能」、「對於學生常規管理的效能」，以四等量表讓填答者作答。此量表經項目分析、因素分析、信度、效度分析皆佳。填答者在此量表得分愈高，表示教師的自我效能愈高。

林海清（民83）編製「高中教師教學效能量表」，係以高中教師對於透過教學行動來完成教學責任的信念，包括「教學計畫」、「教學策略」、「教學評鑑」、「教學氣氛」等四個層面，共二十二題。此量表以李克特式七等量表讓填答者作答，經信度、效度分析皆佳，填答者在此量表得分愈高，表示教學效能信念愈高。

張德銳（民83）編製「國民小學教師有效教學行為問卷」，理論係分析國內外有關有效能教學的文獻，加以歸納整理後擬定六個有效能的教學領域：「清晰」、「多樣性」、「關懷」、「溝通技

巧」、「工作取向」、「教室管理與紀律」，每個領域包含三至四個有效能的教學行為，每個教學行為各包含四至十項有效能教學之行為指標，旨在建立一套「國小教師教學評鑑系統」，藉以改進我國國民小學的教師評鑑工作，更進而保證學校的教學品質。此量表總共一百二十四題，採用李克特式五等量表讓填答者作答，經信度、重要性及鑑別度分析、因素分析，建立系統評鑑規準。

陳木金（民86）研究指出：班級教學的內容繁雜，教師在班級中所要處理的事務很多，如何在忙亂的工作中理出頭緒把握重點，使得班級教學的活動能依教育的原理正常運作，教師就必須講求「教學效能」，才能成為一位有效能的領導者與教學者。並將教師教學效能歸納為以下六個方向加以研究：(1)「教學自我效能信念」；(2)「系統呈現教材內容」；(3)「多元有效教學技術」；(4)「有效運用教學時間」；(5)「建立和諧師生關係」；(6)「營造良好班級氣氛」。

一、「教學自我效能信念」向度

教學自我效能信念是Bandura自我效能理論的延伸，也即是個人對於採取必需行動，以應付未來情境之能力所作的判斷。本研究教學自我效能信念是指教師從事教學工作時，其對本身所具有的能力，以及對學生影響程度的一種主觀的評價。簡言之，教學自我效能信念即指教師對其教學能力及影響力的信念。例如，教師之教學自我效能信念愈強，則愈傾向能掌握影響教學成效；反之，則其教學自我效能信念較低，則較傾向於將教學成效委諸於己身以外之因

素。

二、「系統呈現教材內容」向度

　　系統分析是一種科學的思維方式與經營方式，以有系統的方式來呈現教材內容，分析其中的交互作用關係，據以作最佳的組合，藉以獲得最佳的決定，以求能獲得最佳的結果。因此，教師在教室教學時，必須有系統地呈現教材內容，明確傳達教學意向，提供完整的知識架構，清楚地教導教材知識。簡言之，有系統的呈現教材內容是教師進行有效能教學所必備的條件。例如，教師之系統呈現教材內容效能愈強，愈傾向能系統化呈現教材；反之，則其系統呈現教材內容效能較低，則較傾向於較無法系統呈現教材內容。

三、「多元有效教學技術」向度

　　高效能教師採用多元有效教學技術似乎是最明顯的特徵，例如動機的激發、發問的技巧、討論的技巧、媒體的運用。Rosenshine（1983）高效能的教學包括：勤查前次的學生作業、熟練表現新教材內容的技巧、提供學生引導性的練習、多給予回饋和校正、提供獨立練習的機會等多元教學技術，以求能獲得最佳的結果。因此，教師在教室教學時，必須採用多元有效教學技術，引起並維持學生注意力，能使用多種不同教學方法，能運用教學媒體，及使用發問及討論的技巧，並給予學生回饋、校正與獨立練習，增進教學與學

習的效果。簡言之，採用多元有效教學技術是教師進行有效能教學所必備的條件。例如，教師之多元有效教學技術效能愈強，愈傾向能使用多元教學技術進行有效教學；反之，則其多元有效教學技術效能較低，則較傾向於較無法使用多元有效教學術進行教學。

四、「有效運用教學時間」向度

　　Denham & Lieberman (1980) 針對「學習時間」進行研究，其研究結果發現：有效能的教師可以分配較多的「學科學習時間」而不致影響到學生對學習「專注的時間」。因此，教師在教室教學時，必須有效運用教學時間，合理分配每一教學活動時間，維持緊湊流暢的教學步調，促使學生能積極學習，增進教學與學習的效果。簡言之，能夠有效運用教學時間是教師進行有效能教學所必備的條件。例如，教師之有效運用教學時間效能愈強，愈傾向能夠有效運用教學時間進行有效教學；反之，則其有效運用教學時間效能較低，則較傾向於較無法有效運用教學時間進行教學。

五、「建立和諧師生關係」向度

　　建立和諧師生關係是高效能教師的重要指標，例如，教師如能適宜地運用教師權威，恰當地表現教師期望、有效地進行和諧溝通，時時言教身教為念，增進師生之間的瞭解，建立良好和諧之師生關係。因此，教師在教室教學時，必須努力建立和諧師生關係，重視

學生個別的反應與需求，建立和諧愉快的教室氣氛，給予學生公平的待遇，積極關懷激勵學生向此，增進教學與學習的效果。簡言之，努力建立和諧師生關係是教師進行有效能教學所必備的條件。例如，教師之建立和諧師生關係效能愈強，愈傾向能建立和諧師生關係進行有效教學；反之，則其建立和諧師生關係效能較低，則較傾向於較無法建立和諧師生關係進行教學。

六、「營造良好班級氣氛」向度

班級氣氛係指班級師生互動關係所形成的一種社會心理環境，透過班級氣氛可以瞭解班級的社會交互作用及個別差異情形，且班級氣氛也影響個體在教室中的態度、價值與學習。因此，教師在教室教學時，必須負起營造良好班級氣氛的責任，簡言之，營造良好的班級氣氛是教師進行有效能教學所必備的教學環境。例如，教師之營造良好班級氣氛效能愈強，愈傾向能掌握影響班級氣氛；反之，則其營造良好班級氣氛較低，則較傾向於較無法管理教室環境的責任。

第二節　教師教學效能量表內容的建構

筆者以實證研究探討教師教學效能量表的內容，其旨在根據文獻分析後歸納之教師教學效能之六向度：⑴教學自我效能信念；⑵

系統呈現教材內容；(3)多元有效教學技術；(4)有效運用教學時間；(5)建立和諧師生關係；(6)營造良好班級氣氛。分別從文獻理論基礎分析、教室觀察、教師晤談結果，從六個向度個別的理論基礎，來建構六個向度的評量指標與變項，作為教師進行有效教室教學之參考。

　　因為各向度之評量指標與變項的發展，係根據各自獨立的理論基礎加以建構與分析。因此本研究擬採用六向度個別的方式，進行因素分析、相關分析、項目分析、信度分析，然後再以驗證性因素分析作整體的分析，探討「教師教學效能總量表與六向度之測量模式」的適配情形，以瞭解這些向度測量教師教學效能總量表之適切性。最後根據分析結果，編製教師教學效能量表，作為建立我國教師教學效能評鑑指標與教師教學效能自我檢核之參考。

一、「教師教學效能量表」的研究架構

　　根據文獻分析之教師教學效能之六向度：(1)教學自我效能信念；(2)系統呈現教材內容；(3)多元有效教學技術；(4)有效運用教學時間；(5)建立和諧師生關係；(6)營造良好班級氣氛，探討分析「教師教學效能」向度與變項，建構教師教學效能量表架構圖，詳見於圖10-1，進行編製「教師教學效能量表」。

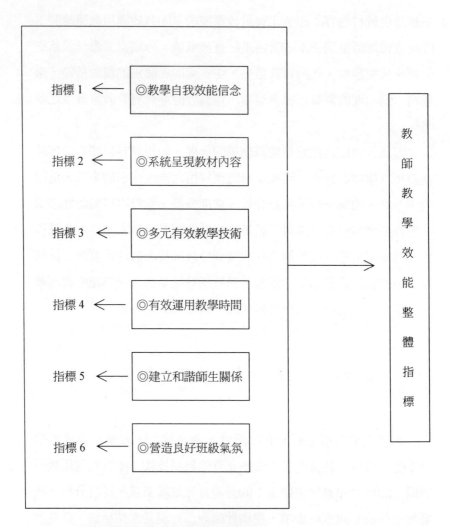

指標 1 ← ◎教學自我效能信念

指標 2 ← ◎系統呈現教材內容

指標 3 ← ◎多元有效教學技術

指標 4 ← ◎有效運用教學時間

指標 5 ← ◎建立和諧師生關係

指標 6 ← ◎營造良好班級氣氛

教師教學效能整體指標

圖 10-1　教師教學效能評鑑指標之建構圖

二、「教師教學效能量表」的研究工具內容

■ 量表架構

　　本量表架構係以教學研究學者G. D. Borich於1994年在《有效教學的觀察技巧》（*Observation Skills for Effective Teaching*）一書之觀點為主要依據，其認為有效教學是：

1. 有效教學必須有明確性：有效教學是指教學有系統、循序漸進、符合邏輯性、講述內容和目標清楚明確。
2. 有效教學必須是多樣性：有效教學是指教學活動、教學方法和教學內容富變化及多采多姿。
3. 有效教學必須是任務取向：有效教學是教師的教學努力認真，關心並幫助學生的學習目標的達成。
4. 有效教學必須是全心投入：有效教學是指教師準備教學及實際用於教學的時間，以及使學生真正進行有效學習。
5. 有效教學必須是提高學習成功的比例：有效教學是指教師投入的教學，能提高學生課程內容學習成功而獲得滿意成果（Borich, 1994），為發展本研究問卷架構之主要依據。

　　其次參考教學效能研究學者觀點及其他教學效能測量問卷架構，如Armor et.al（1976）、Ashton（1983）、Barfield & Burlingame（1974）、Cavers（1988）、Denham & Michael（1981）、Gibson & Dembo（1984）、Hoover & Dempsey et.

al（1987）、Newman & Rutter（1989）、Rosenhltz（1989）、Webb（1982）、Woolfolk & Hoy（1990）、王受榮（民81）、江展塏（民83）、周新富（民80）、陳武雄（民84）、孫志麟（民80）、梁茂森（民81）、鄭英耀（民81）、劉威德（民83）等人的教學自我效能研究，以及 Brophy（1988）、Emmer et. al（1984）、Good（1979）、Haigh & Katterns（1984）、Marsh（1991）、McHaney & Impey（1992）、Medley（1979）、Moneys（1992）、Rosenshine（1983）、Ryan（1986）、Tang（1994）、李永吟（民84）、林清山（民75）、林海清（民83）、吳淸山（民80）、吳清基（民78）、單文經（民84）、黃政傑（民82）、陳奎熹（民75）、歐陽教（民75）、鄭燕萍（民75）等人對有效教學的觀點。

歸納其內容向度包括：

1. 教學自我效能信念：是指教師從事教學工作時，其對本身所具有的能力，以及對學生影響程度的一種主觀的評價。
2. 系統呈現教材內容：是指教師在教室教學時，必須有系統地呈現教材內容，明確傳達教學意向，提供完整的知識架構，清楚地教導教材知識。
3. 多元有效教學技術：是指教師在教室教學時，必須採用多元有效教學技術，引起並維持學生注意力，能使用多種不同教學方法，能運用教學媒體，以及使用發問及討論的技巧，並給予學生回饋、校正與獨立練習，增進教學與學習的效果。
4. 有效運用教學時間：是指教師在教室教學時，必須有效運用教學時間，合理分配每一教學活動時間，維持緊湊流暢的教

學步調，促使學生能積極學習，增進教學與學習的效果。

5. 建立和諧師生關係：是指教師在教室教學時，必須努力建立和諧師生關係，重視學生個別的反應與需求，建立和諧愉快的教室氣氛，給予學生公平的待遇，積極關懷激勵學生向此，增進教學與學習的效果。

6. 營造良好班級氣氛：是指教師在教室教學時，必須負起營造良好班級氣氛的責任。

此六層面，作為本研究問卷設計編製之主要架構理論基礎。

■ 編製研究量表內容

基於上述的量表架構，依據理論基礎、相關研究與學校特性，著手編製，形成研究量表的初稿。依此訪問視導督學、現任中小學校長、教師兼主任、教師兼組長、科（專）任教師、級任教師（導師）等，集思廣益，以研修語句、探究語意及發現相關問題。

修正後，經由多次與學者專家研討、修改後、再商請現任中小學教師試測，期能語意清晰、語句順暢。經多次修改後，修正成「教師教學效能量表向度及內容表」，包括：(1)教學效能自我信念十題；(2)系統呈現教材內容十題；(3)多元有效教學技術十題；(4)有效運用教學時間十題；(5)建立和諧師生關係十題；(6)營造良好班級氣氛十題，共計六十題，並組合成研究問卷。見**表10-1**。

■ 量表填答與計分

1. 專家調查問卷：本調查問卷係採「適合」、「修正後適合」、「不適合」的選擇式量表，懇請專家學者撥冗填答「專

表 10-1　教師教學效能量表向度及內容

(1)教學自我效能信念：是指教師從事教學工作時，其對本身所具有的能力，
　　以及對學生影響程度的一種主觀的評價。

1.當學生學成績有所進步，其主因是我使用好的教學法。

2.我覺我有足夠的學識和經驗可以處理學生學習的問題。

3.我覺得我能對學生的學習成就有正面的影響力。

4.只要我盡力即使學生的學習動機不強也可以把他們教好。

5.我覺得我對學生學習的成敗要負主要的責任。

6.我對學生期望高而他們也朝向我的期望去努力。

7.我覺得學校環境設備不佳我也能發揮教學的成效。

8.經由良好的教學，可以改變家庭經驗對學生的影響。

9.即使父母不關心的小孩，我也能把學生教好。

10.對不守紀律的學生，我有辦法讓他們接受紀律的要求。

(2)系統呈現教材內容：是指教師在教室教學時，必須有系統地呈現教材內容，
　　明確傳達教學意向，提供完整的知識架構，清楚地教導教材知識。

11.在進行教學前，我會事先做好教學計畫。

12.在進行教學前，我會充分精熟授課單元的內容。

13.在進行教學前，我會安排預習活動並要求學生做到。

14.在開始教學時，我會清楚地傳達教學目標。

15.在開始教學時，針對教學目標我會訂定教學活動規則。

16.在教學過程中，我能有系統有組織由簡而繁呈現教材。

17.在教學過程中，我會總結學生發表的意見並加以指導。

18.在每節結束前，我會總結教材內容並摘要學習要點。

19.在每節結束前，我會示範並指導學生如何整理學習要點。

20.在每節結束時，我會設計練習及作業指導學生熟練所學。

（續）表 10-1　教師教學效能量表向度及內容

---

(3)多元有效教學技術：是指教師在教室教學時，必須採用多元有效教學技術，
　引起並維持學生注意力，能使用多種不同教學方法，能運用教學媒體，及
　使用發問及討論的技巧，並給予學生回饋、校正與獨立練習，增進教學與
　學習的效果。

21.在教學開始時，我會提出學生切身問題引發學習動機。

22.在教學過程中，我會變化教學活動維持學生的注意力。

23.我會配合教學需要，進行實驗、分組活動等方式教學。

24.我能正確而熟練地操作視聽教育器材。

25.我能依教學科目教材內容選用適當的教學媒體。

26.我會應用不同的教學方法，如講述法、討論法、啓發法。

27.我會以開放式問題，促進學生進一步思考。

28.我會以問題形式，由淺而深探詢學生是否真正瞭解。

29.我會勤查學生上次作業情形並提供回饋校正練習。

30.我會提供學生引導性的練習，以熟悉學習教材的機會。

---

(4)有效運用教學時間：是指教師在教室教學時，必須有效運用教學時間，合
　理分配每一教學活動時間，維持緊湊流暢的教學步調，促使學生能積極學，
　增進教學與學習的效果。

31.我能夠準時上課、準時下課。

32.我能控制課程開場的時間，儘快地進入教學主題。

33.我會合理分配起承轉合每一個教學活動時間。

34.我會維持緊湊流暢的教學步調。

35.我會在轉換教學活動時，對學生作清楚明確的指示。

36.我會以簡短的時間處理課堂上突發的問題，能迅速排除。

37.我會在作教學準備時先作好上課時間的安排。

38.我會給予學生足夠發問、討論的時間。

39.我能依照教學進度表的時間上課。

40.我會在批改作業時，安排學生獨自練習的機會。

（續）表 10-1　教師教學效能量表向度及內容

---

(5)建立和諧師生關係：是指教師在教室教學時，必須努力建立和諧師生關係，
　重視學生個別的反應與需求，建立和諧愉快的教室氣氛，給予學生公平的待
　遇，積極關懷激勵學生向此，增進教學與學習的效果。

41.我會明確地告知我對學生的期望，並指導其達成。

42.我會與學生共同檢討學習成果，指導其努力的方向。

43.我會以和善的表情和親切的口吻進行意見溝通。

44.我會與學生分享彼此的經驗，促進師生感情交流。

45.我會設計合作式教學活動，促進師生互動與學生互動。

46.我會設置意見箱利用書信與學生聯繫。

47.我會對有特殊困難的學生，表達善意和幫助。

48.我會以身作則避免用貶抑的稱呼，使學生受到歧視。

49.我會以民主的方式，給予學生自我表達和作決定的機會。

50.我會以幽默的氣氛帶動教室裡輕鬆愉快的學習氣氛。

---

(6)營造良好班級氣氛：是指教師在教室教學時，必須負起營造良好班級氣氛
　的責任。

51.在我的教室裡，我能維持良好的上課秩序。

52.在我的教室裡，我能保持良好的師生溝通。

53.在我的教室裡，我能創造融洽的學習氣氛。

54.在我的教室裡，學生們聽課的態度良好。

55.在我的教室裡，我有很強的團隊凝聚力。

56.在我的教室裡，我能很有組織很有效率的教學。

57.在我的教室裡，學生們都能遵守班級公約。

58.在我的教室裡，學生們的學習需求都能得到滿足。

59.在我的教室裡，學生很少發生不良的行為。

60.在我的教室裡，學生都能與老師合作。

家意見調查」，針對本研究問卷之代表性及意義性加以鑑定，提供寶貴意見，作爲形成專家內容效度並修訂研究問卷。

2.預試問卷與正式問卷：本研究問卷係採李克特式的五點式量表，根據受試者的實際觀察與感受的符合程度填答，受試者從完全符合到完全不符合的5-4-3-2-1中，在適當的數字上打「○」，計分方式係按5分、4分、3分、2分、1分，各項分別計分，最後計算各向度教學效能及總量表的得分，得分愈高代表教師教學效能愈高。

三、統計分析方法

▪ 次數分配與百分比

分析專家意見調查問卷的內容效度。

▪ 因素分析

以「教師教學效能調查問卷」預試問卷施測結果，進行因素分析，找出各題之因素負荷量，藉以挑選適當之題目作爲評鑑之指標。

▪ 積差相關分析

以「教師教學效能調查問卷」預試問卷施測結果，分別以各題與向度及總量表、各向度與向度及總量表之間進行皮爾森積差相關，探討其彼此間之相關程度，瞭解研究問卷之試題結構及進行挑

選適當之題目作爲評鑑之指標。

■ 項目分析與信度分析

以「教師教學效能調查問卷」預試問卷施測結果，進行各向度、總量表之內部一致性分析，求出Cronbach α 係數以瞭解研究問卷之內部一致性，並且探討各題之校正後總相關及刪題後之 α 係數，瞭解研究問卷之信度及進行挑選適當之題目作爲評鑑之指標。

■ 驗證性因素分析

以LISREL線性結構相關分析程式，驗證本研究所建構以「教學效能自我信念」、「系統呈現教材內容」、「多元有效教學技術」、「有效運用教學時間」、「建立和諧師生關係」、「營造良好班級氣氛」六向度測量「教師教學效能量表」之模式的TCD、GFI、AGFI，求出本研究教師教學效能總量表與六向度之測量模式之適配度，以瞭解量表之建構情形如何。

第三節　教師教學效能量表內容的分析

筆者根據文獻分析之教室領導技巧的六個向度與變項，編製「教師教學效能專家意見調查問卷」進行研究，之後再根據專家意見調查結果編製預試問卷，以建構「教師教學效能」評鑑指標。以下分別從：(1)專家意見調查分析；(2)預試問卷編製施測與分析；(3)驗證性因素分析；(4)挑選正式問卷題目；(5)編製正式問卷加以探

討。

一、專家意見調查分析

　　研究問卷編製完成後，先進行專家意見調查。經推介函請二十五位「班級經營」、「教學原理」、「教師輔導」、「教學研究」、「教育實習」、「教育評鑑」、「教育行政」、「學校經營」、「教師心理」、「國小教育」、「研究方法」、「社會心理」的專家學者撥冗填答「專家意見調查」，針對本研究問卷之代表性及意義性加以鑑定，提供寶貴意見，作為形成專家內容效度、修訂問卷的重要參考。

　　根據次數分配與百分比分析的結果，並考慮各向度題數之相等。因此，以各向度「適合度」選項最低兩題予以刪除，各向度的題目保持八題，並參考學者專家之「修正後適合」的意見，修正成為本研究之「預試問卷」，進行施測。

二、預試問卷編製施測與分析

■ 編製預試問卷

　　經過「專家內容效度」考驗後，在「國民小學教師教學效能預試問卷向度及內容」：

1.教學自我效能信念：刪除第1、9題，保留八題。

2.系統呈現教材內容：刪除第15、16題，保留八題。

3.多元有效教學技術：刪除第21、30題，保留八題。

4.有效運用教學時間：刪除第32、40題，保留八題。

5.建立和諧師生關係：刪除第41、43題，保留八題。

6.營造良好班級氣氛：刪除第56、59題，保留八題。

本預試問卷共計選取四十八題，經語句修正後，編製成預試問卷，詳見於下**表10-2**。

■ 預試問卷編製施測與分析

本研究以分層隨機抽樣、簡單隨機抽樣，抽得預試樣本共二十四所學校二百四十位教師進行預試。問卷回收二百二十八份，剔除收回樣本資料填答不全者，合計有效樣本為二百二十八份，回收率為95.0%，可用率為95.0%。

回收預試問卷後，隨即進行資料處理與統計分析，以考驗研究的信度與效度。預試問卷之：(1)各向度與總量表之內在相關；(2)因素分析；(3)各題與各向度及總量表之內在相關；(4)信度分析。其所得結果如下所述。

各向度與總量表之內在相關

考驗「教師教學效能預試問卷」的內在結構相關發現：各向度與總量表內在相關皆達顯著水準，其相關程度分別為.8245、.9016、.8809、.9059、.8901、.8797。可見本量表之內在結構良好。

表 10-2 教師教學效能量表預試問卷

【說明】下列敘述是為了瞭解您在教室教學的狀況，請根據您在教室的實際情況的符合程度，在 5 - 4 - 3 - 2 - 1 的適當數字上打「○」。

	完全符合	大部分符合	部分符合	大部分不符合	完全不符合
1.我覺我有足夠的學識和經驗可以處理學生學習的問題	5 -	4 -	3 -	2 -	1
2.我覺得我能對學生的學習成就有正面的影響力	5 -	4 -	3 -	2 -	1
3.只要我盡力即使學生的學習動機不強我也能把他們教好	5 -	4 -	3 -	2 -	1
4.我覺得我應該對學生學習的成敗要負主要的責任	5 -	4 -	3 -	2 -	1
5.我對學生期望高而他們也朝向我的期望去努力	5 -	4 -	3 -	2 -	1
6.雖然學校環境設備不佳，但我也能發揮教學的成效	5 -	4 -	3 -	2 -	1
7.我相信經由我的教學，可以改變家庭經驗對學生的影響	5 -	4 -	3 -	2 -	1
8.對不守紀律的學生，我有辦法讓他們接受紀律的要求	5 -	4 -	3 -	2 -	1
9.在進行教學前，我會事先做好教學計畫	5 -	4 -	3 -	2 -	1
10.在進行教學前，我會充分精熟授課單元的內容	5 -	4 -	3 -	2 -	1
11.在進行教學前，我會安排預習活動並要求學生確實做到	5 -	4 -	3 -	2 -	1
12.在開始教學時，我會清楚地傳達教學目標	5 -	4 -	3 -	2 -	1
13.在教學過程中，我會總結學生發表的意見並加以指導	5 -	4 -	3 -	2 -	1
14.在每節結束前，我會總結教材內容並摘要學習要點	5 -	4 -	3 -	2 -	1
15.在每節結束前，我會示範並指導學生如何整理學習要點	5 -	4 -	3 -	2 -	1
16.在每節結束時，我會設計練習及作業指導學生熟練所學	5 -	4 -	3 -	2 -	1

（續）表 10-2　教師教學效能量表預試問卷

【說明】下列敘述是爲了瞭解您在教室教學的狀況，請根據您在教室的實際情況的符合程度，在 5 - 4 - 3 - 2 - 1 的適當數字上打「○」。

	完全符合	大部分符合	部分符合	大部分不符合	完全不符合
17.在教學過程中，我會變化教學活動維持學生的注意力	5 -	4 -	3 -	2 -	1
18.我會配合教學需要，進行實驗、分組活動等方式教學	5 -	4 -	3 -	2 -	1
19.我能正確而熟練地操作視聽教育器材	5 -	4 -	3 -	2 -	1
20.我能依教學科目教材內容選用適當的教學媒體	5 -	4 -	3 -	2 -	1
21.我會應用不同的教學方法，如講述法、討論法、問答法	5 -	4 -	3 -	2 -	1
22.我會以開放式問題，促進學生進一步思考	5 -	4 -	3 -	2 -	1
23.我會以問題形式，由淺而深探詢學生是否真正瞭解	5 -	4 -	3 -	2 -	1
24.我會勤查學生上次作業情形並提供回饋校正練習	5 -	4 -	3 -	2 -	1
25.我能夠準時上課、準時下課	5 -	4 -	3 -	2 -	1
26.我會合理分配起承轉合每一個教學活動時間	5 -	4 -	3 -	2 -	1
27.我會維持緊湊流暢的教學步調	5 -	4 -	3 -	2 -	1
28.我會在轉換教學活動時，對學生作清楚明確的指示	5 -	4 -	3 -	2 -	1
29.我會以簡短的時間處理課堂上突發的問題，並迅速排除	5 -	4 -	3 -	2 -	1
30.我會在作教學準備時先作好上課時間的安排	5 -	4 -	3 -	2 -	1
31.我會給予學生足夠發問、討論的時間	5 -	4 -	3 -	2 -	1
32.我能依照教學進度表的時間上課	5 -	4 -	3 -	2 -	1

（續）表 10-2　教師教學效能量表預試問卷

【說明】下列敘述是為了瞭解您在教室教學的狀況，請根據您在教室的實際情況的符合程度，在 5 - 4 - 3 - 2 - 1 的適當數字上打「○」。

	完全符合	大部分符合	部分符合	大部分不符合	完全不符合
33.我會與學生共同檢討學習成果，指導其努力的方向……	5 -	4 -	3 -	2 -	1
34.我會與學生分享彼此的經驗，促進師生感情交流………	5 -	4 -	3 -	2 -	1
35.我會設計合作式教學活動，促進師生互動與學生互動…	5 -	4 -	3 -	2 -	1
36.我會設置意見箱利用書信與學生聯繫………………	5 -	4 -	3 -	2 -	1
37.我會對有特殊困難的學生，表達善意和幫助…………	5 -	4 -	3 -	2 -	1
38.我會以身作則避免用貶抑的稱呼，使學生受到歧視……	5 -	4 -	3 -	2 -	1
39.我會以民主的方式，給予學生自我表達和作決定的機會	5 -	4 -	3 -	2 -	1
40.我會以幽默的氣氛帶動教室裡輕鬆愉快的學習氣氛……	5 -	4 -	3 -	2 -	1
41.在我的教室裡，我能維持良好的上課秩序……………	5 -	4 -	3 -	2 -	1
42.在我的教室裡，我能保持良好的師生溝通……………	5 -	4 -	3 -	2 -	1
43.在我的教室裡，我能創造融洽的學習氣氛……………	5 -	4 -	3 -	2 -	1
44.在我的教室裡，學生們聽課的態度良好………………	5 -	4 -	3 -	2 -	1
45.在我的教室裡，我有很強的團隊凝聚力………………	5 -	4 -	3 -	2 -	1
46.在我的教室裡，學生們都能遵守班級規定或公約………	5 -	4 -	3 -	2 -	1
47.在我的教室裡，學生們的學習需求都能得到滿足………	5 -	4 -	3 -	2 -	1
48.在我的教室裡，學生都能與老師合作…………………	5 -	4 -	3 -	2 -	1

因素分析

　　在教師教學效能調查問卷上，以二百二十八位國小教師為受試者，其在教師教學效能調查問卷各向度題目的反應，採主成分分析因素，以eigenvalue值大於 1 者為選入因素參考標準。其因素分析之結果如下所述：

　　在「教師教學效能預試問卷各向度及內容」因素分析（如**表10-3**）：

1. 教學自我效能信念：因素分析抽取一個因素，其eigenvalue值為4.90，可解釋教學自我效能信念61.3%，因素負荷量從.7479～.8355，其中以第2、4題最低。

2. 系統呈現教材內容：因素分析抽取一個因素，其eigenvalue值為5.15，可解釋系統呈現教材內容64.4%，因素負荷量從.7285～.8364，其中以第12、16題最低。

3. 多元有效教學技術：因素分析後抽取一個因素，eigenvalue值為4.85，可解釋多元有效教學技術60.6%，因素負荷量從.6675～.8438，其中以第19、24題最低。

4. 有效運用教學時間：因素分析抽取一個因素，其eigenvalue值為5.03，可解釋有效運用教學時間62.9%，因素負荷量從.6790～.8492，其中以第25、32題最低。

5. 建立和諧師生關係：因素分析抽取一個因素，其eigenvalue值為4.54，可解釋建立和諧師生關係56.7%，因素負荷量從.5214～.8204，其中以第36、38題最低。

6. 營造良好班級氣氛：因素分析抽取一個因素，其eigenvalue值為5.52，可解釋營造良好班級氣氛69.1%，因素負荷量從

表 10-3　教師教學效能量表預試問卷因素分析摘要表

向度	題次內容	因素負荷量	共同性 h²
(1) 教 學 自 我 效 能 信 念	1.我覺我有足夠的學識和經驗可以處理學生學習的問題。	.7492	.5613
	2.我覺得我能對學生的學習成就有正面的影響力。	.7479	.5594
	3.只要我盡力即使學生的學習動機不強我也能把他們教好。	.8041	.6466
	4.我覺得我應該對學生學習的成敗要負主要的責任。	.7484	.5601
	5.我對學生期望高而他們也朝向我的期望去努力。	.7904	.6247
	6.雖然學校環境設備不佳,但我也能發揮教學的成效。	.8355	.6980
	7.我相信經由我的教學,可以改變家庭經驗對學生的影響。	.8083	.6534
	8.對不守紀律的學生,我有辦法讓他們接受紀律的要求。	.7729	.5974
(2) 系 統 呈 現 教 材 內 容	9.在進行教學前,我會事先做好教學計畫。	.8047	.6475
	10.在進行教學前,我會充分精熟授課單元的內容。	.8352	.6975
	11.在進行教學前,我會安排預習活動並要求學生確實做到。	.8027	.6444
	12.在開始教學時,我會清楚地傳達教學目標。	.7853	.6166
	13.在教學過程中,我會總結學生發表的意見並加以指導。	.8084	.6536
	14.在每節結束前,我會總結教材內容並摘要學習要點。	.8364	.6996
	15.在每節結束前,我會示範並指導學生如何整理學習要點。	.8136	.6619
	16.在每節結束時,我會設計練習及作業指導學生熟練所學。	.7285	.5306
(3) 多 元 有 效 教 學 技 術	17.在教學過程中,我會變化教學活動維持學生的注意力。	.8032	.6451
	18.我會配合教學需要,進行實驗、分組活動等方式教學。	.7597	.5772
	19.我能正確而熟練地操作視聽教育器材。	.6675	.4456
	20.我能依教學科目教材內容選用適當的教學媒體。	.7513	.5644
	21.我會應用不同的教學方法,如講述法、討論法、問答法。	.8193	.6713
	22.我會以開放式問題,促進學生進一步思考。	.8415	.7080
	23.我會以問題形式,由淺而深探詢學生是否真正瞭解。	.8438	.7120
	24.我會勤查學生上次作業情形並提供回饋校正練習。	.7232	.5230

（續）表 10-3　教師教學效能量表預試問卷因素分析摘要表

向度	題次內容	因素 負荷量	共同性 h²
(4) 有 效 運 用 教 學 時 間	25.我能夠準時上課、準時下課。	.6790	.4610
	26.我會合理分配起承轉合每一個教學活動時間。	.8284	.6863
	27.我會維持緊湊流暢的教學步調。	.8482	.7194
	28.我會在轉換教學活動時，對學生作清楚明確的指示。	.7984	.6375
	29.我會以簡短的時間處理課堂上突發的問題，並迅速排 　除。	.8492	.7212
	30.我會在作教學準備時先作好上課時間的安排。	.8276	.6850
	31.我會給予學生足夠發問、討論的時間。	.7623	.5812
	32.我能依照教學進度表的時間上課。	.7356	.5412
(5) 建 立 和 諧 師 生 關 係	33.我會與學生共同檢討學習成果，指導其努力的方向。	.7729	.5974
	34.我會與學生分享彼此的經驗，促進師生感情交流。	.8204	.6731
	35.我會設計合作式教學活動，促進師生互動與學生互動。	.8041	.6466
	36.我會設置意見箱利用書信與學生聯繫。	.5214	.2719
	37.我會對有特殊困難的學生，表達善意和幫助。	.7948	.6317
	38.我會以身作則避免用貶抑的稱呼，使學生受到歧視。	.7232	.5231
	39.我會以民主的方式，給予學生自我表達和作決定的機 　會。	.7878	.6206
	40.我會以幽默的氣氛帶動教室裡輕鬆愉快的學習氣氛。	.7584	.5751
(6) 營 造 良 好 班 級 氣 氛	41.在我的教室裡，我能維持良好的上課秩序。	.7298	.5326
	42.在我的教室裡，我能保持良好的師生溝通。	.8737	.7633
	43.在我的教室裡，我能創造融洽的學習氣氛。	.8708	.7584
	44.在我的教室裡，學生們聽課的態度良好。	.8486	.7201
	45.在我的教室裡，我有很強的團隊凝聚力。	.8344	.6963
	46.在我的教室裡，學生們都能遵守班級規定或公約。	.8111	.6578
	47.在我的教室裡，學生們的學習需求都能得到滿足。	.8605	.7405
	48.在我的教室裡，學生都能與老師合作。	.8099	.6560

.7298～.8737，其中第41、48題最低。

各題與各向度及總量表之內在相關

　　因素分析後，另以預試問卷結果進行相關分析，考驗各題與各向度總量表之內在相關，作為正式問卷選題之依據。

　　在「教師教學效能預試問卷各向度及內容」方面相關程度（如表10-4）：

1. 教學自我效能信念：第 1、2、3、4、5、6、7、8題，與「教學自我效能信念分量表」相關程度均達 .01顯著水準，相關程度從 .7347～ .8258各題與「教師教學效能總量表」之相關程度均達 .01顯著水準，相關程度從 .5557～ .6955，其中第1、6題相關程度最低。

2. 系統呈現教材內容：第 9、10、11、12、13、14、15、16題，「系統呈現教材內容分量表」之相關程度均達 .01顯著水準，相關程從 .7346～ .8349；各題與「教師教學效能總量表」的相關程度均達.01顯著水準，其相關程度從.6571～ .7752，其中以第12、16題相關程最低。

3. 多元有效教學技術：第17、18、19、20 21、22、23、24題，與「多元有效教學技術分量表」之相關程度均達 .01顯著水準，相關程度從 .7193～ .8298；各題與「教師教學效能總表」之相關程度均達 .01顯著水準，其相關的程度從 .6221～ .7753，其中以第18、24題相關程度最低。

4. 有效運用教學間：第25、26、27、28、29、30、31、32題，與「有效運用教學時間量表」之相關程度均達 .01顯著水

表 10-4 「教師教學效能量表預試研究問卷」題目與各向度及總量表之相關

題號	(1)教學自我效能信念	(2)系統呈現教材內容	(3)多元有效教學技術	(4)有效運用教學時間	(5)建立和諧師生關係	(6)營造良好班級氣氛	總量表
1.	.7391**						.6898**
2.	.7347**						.6738**
3.	.8100**						.5557**
4.	7627**						.5696**
5.	.7868**						.6804**
6.	.8258**						.6955**
7.	.8173**						.6668**
8.	.7768**						.6585**
9.		.8031**					.7417**
10.		.8349**					.7752**
11.		.8071**					.7070**
12.		.7852**					.7205**
13.		.8034**					.7541**
14.		.8326**					.7211**
15.		.8136**					.7097**
16.		.7346**					.6571**
17.			.7932**				.7379**
18.			.7644**				.6224**
19.			.6965**				.5801**
20.			.7667**				.6819**
21.			.8105**				.7048**
22.			.8298**				.7493**
23.			.8296**				.7753**
24.			.7193**				.6306**

（續）表 10-4　「教師教學效能量表預試研究問卷」題目與各向度及總
　　　　　　量表之相關

題號	(1)教學自我效能信念	(2)系統呈現教材內容	(3)多元有效教學技術	(4)有效運用教學時間	(5)建立和諧師生關係	(6)營造良好班級氣氛	總量表
25.				.6926**			.5885**
26.				.8228**			.7833**
27.				.8402**			.7626**
28.				.7916**			.7133**
29.				.8405**			.7382**
30.				.8247**			.7630**
31.				.7747**			.7080**
32.				.7428**			.6764**
33.					.7453**		.7458**
34.					.7946**		.7413**
35.					.8074**		.7587**
36.					.6361**		.4848**
37.					.7757**		.6919**
38.					.6950**		.6142**
39.					.7595**		.6645**
40.					.7479**		.6642**
41.						.7352**	.6330**
42.						.8681**	.7691**
43.						.8645**	.7816**
44.						.8489**	.7350**
45.						.8367**	.7603**
46.						.8159**	.6867**
47.						.8617**	.7761**
48.						.8081**	.6972**

準，相關程度從.6926 ～ .8450；各題與「教師教學效能總量表」之相關程度均達 .01顯著水準，其相關程度從 .5885～.7833，其中以第25、32題相關程度最低。

5. 建立和諧師生關係：第33、34、35、36、37、38、39、40題，「建立和諧師生關係分量表」之相關程度均達 .01顯著水準，相關程度從 .6361～ .8274；各題與「教師教學效能總量表」之相關程度均達 .01顯著水準，其相關程度從 .4848～.7587，其中以第36、38題相關程度最低。

6. 營造良好班級氣氛：第41、42、43、44 45、46、47、48題，與「營造良好班級氣氛分量表」之相關程度均達 .01顯著水準，相關程度從 .7352～ .8681；各題與「教師教學效能總量表」之相關程度均達 .01顯著水準，其相關程度從 .6330～.7816，其中以第41、48題相關程度最低。

信度分析

在教師教學效能調查問卷上，以二百二十八位國小教師為受試者，其在於教師教學效能調查問卷各向度題目的反應，採用信度分析考驗「教師教學效能預試問卷」各向度與總量表的內部一致性：發現「總量表」之Cronbachα係數高達 .9774，各向度Cronbachα係數達 .9093、 .9207、 .9059、 .9147、 .8880、 .9355，顯示本量表之總量表及各向度內部一致性高，信度佳。另為瞭解每題之「校正後項目整體相關」及「單題刪除後α係數減低情形」，以作為編製正式問卷選題之依據。本研究之信度分析情形，如下所述：

在「教師教學效能預試問卷各向度及內容」（如**表10-5**）：

1. 教學自我效能信念：信度分析Cronbachα係數達 .9093，單

表 10-5 「教師教學效能預試研究問卷」之信度分析摘要表

向度	題次內容	校正後總相關	刪題後 α 係數
(1) 教學自我效能信念	1.我覺我有足夠的學識和經驗可以處理學生學習的問題。	.6619	.8996
	2.我覺得我能對學生的學習成就有正面的影響力。	.6599	.9000
	3.只要我盡力即使學生的學習動機不強我也能把他們教好。	.7360	.8932
	4.我覺得我應該對學生學習的成敗要負主要的責任。	.6713	.8995
	5.我對學生期望高而他們也朝向我的期望去努力。	.7154	.8950
	6.雖然學校環境設備不佳,但我也能發揮教學的成效。	.7698	.8910
	7.我相信經由我的教學,可以改變家庭經驗對學生的影響。	.7428	.8927
	8.對不守紀律的學生,我有辦法讓他們接受紀律的要求。	.6961	.8967
(2) 系統呈現教材內容	9.在進行教學前,我會事先做好教學計畫。	.7364	.9097
	10.在進行教學前,我會充分精熟授課單元的內容。	.7754	.9064
	11.在進行教學前,我會安排預習活動並要求學生確實做到。	.7356	.9099
	12.在開始教學時,我會清楚地傳達教學目標。	.7126	.9116
	13.在教學過程中,我會總結學生發表的意見並加以指導。	.7424	.9095
	14.在每節結束前,我會總結教材內容並摘要學習要點。	.7761	.9066
	15.在每節結束前,我會示範並指導學生如何整理學習要點。	.7473	.9088
	16.在每節結束時,我會設計練習及作業指導學生熟練所學。	.6482	.9167
(3) 多元有效教學技術	17.在教學過程中,我會變化教學活動維持學生的注意力。	.7239	.8890
	18.我會配合教學需要,進行實驗、分組活動等方式教學。	.6767	.8932
	19.我能正確而熟練地操作視聽教育器材。	.5852	.9025
	20.我能依教學科目教材內容選用適當的教學媒體。	.6814	.8927
	21.我會應用不同的教學方法,如講述法、討論法、問答法。	.7453	.8870
	22.我會以開放式問題,促進學生進一步思考。	.7700	.8848
	23.我會以問題形式,由淺而深探詢學生是否真正瞭解。	.7730	.8851
	24.我會勤查學生上次作業情形並提供回饋校正練習。	.6295	.8970

（續）表 10-5　「教師教學效能預試研究問卷」之信度分析摘要表

向度	題次內容	校正後總相關	刪題後 α 係數
(4)有效運用教學時間	25.我能夠準時上課、準時下課。	.5965	.9128
	26.我會合理分配起承轉合每一個教學活動時間。	.7610	.8993
	27.我會維持緊湊流暢的教學步調。	.7849	.8974
	28.我會在轉換教學活動時,對學生作清楚明確的指示。	.7234	.9025
	29.我會以簡短的時間處理課堂上突發的問題,並迅速排除。	.7843	.8973
	30.我會在作教學準備時先作好上課時間的安排。	.7626	.8991
	31.我會給予學生足夠發問、討論的時間。	.6875	.9062
	32.我能依照教學進度表的時間上課。	.6583	.9078
(5)建立和諧師生關係	33.我會與學生共同檢討學習成果,指導其努力的方向。	.6709	.8477
	34.我會與學生分享彼此的經驗,促進師生感情交流。	.7240	.8406
	35.我會設計合作式教學活動,促進師生互動與學生互動。	.7315	.8382
	36.我會設置意見箱利用書信與學生聯繫。	.4325	.8951
	37.我會對有特殊困難的學生,表達善意和幫助。	.7002	.8432
	38.我會以身作則避免用貶抑的稱呼,使學生受到歧視。	.6055	.8532
	39.我會以民主的方式,給予學生自我表達和作決定的機會。	.6856	.8457
	40.我會以幽默的氣氛帶動教室裡輕鬆愉快的學習氣氛。	.6602	.8467
(6)營造良好班級氣氛	41.在我的教室裡,我能維持良好的上課秩序。	.6568	.9347
	42.在我的教室裡,我能保持良好的師生溝通。	.8230	.9231
	43.在我的教室裡,我能創造融洽的學習氣氛。	.8210	.9235
	44.在我的教室裡,學生們聽課的態度良好。	.7972	.9249
	45.在我的教室裡,我有很強的團隊凝聚力。	.7788	.9263
	46.在我的教室裡,學生們都能遵守班級規定或公約。	.7527	.9282
	47.在我的教室裡,學生們的學習需求都能得到滿足。	.8092	.9241
	48.在我的教室裡,學生都能與老師合作。	.7485	.9285

題之「校正後項目整體相關」的情形，從 .6599～ .7698，其中以第1、2題最低。

2. 系統呈現教材內容：信度分析Cronbachα係數 .9207，單題之「校正後項目整體相關」情形，從 .6482～ .7761，其中以第12、16題最低。

3. 多元有效教學技術：經過信度分析後Cronbachα係數達 .9059，單題之「校正後項目整體相關」情形，從 .5852～ .7730，其中以第19、24題最低。

4. 有效運用教學時間：信度分析Cronbachα係數達 .9147，單題之「校正後項目整體相關」情形，從 .5965～ .7849，其中以第25、32題最低。

5. 建立和諧師生關係：信度分析後Cronbachα係數 .8880，單題之「校正後項目整體相關」情形，從 .4325～ .7315，其中以第36、38題最低。

6. 營造良好班級氣氛：經信度分析Cronbachα係數達 .9355，單題之「校正後項目整體相關」情形，從 .6568～ .8230，其中以第41、48題最低。

三、驗證性因素分析

由於本評鑑量表之發展，係根據文獻理論基礎與相關研究分析，進行國小校長、主任、組長、教師晤談及專家意見調查，然後建構「教師教學效能量表」。為了探討本量表建構的六個向度：(1)

「教學自我效能信念」;(2)「系統呈現教材內容」;(3)「多元有效教學技術」;(4)「有效運用教學時間」;(5)「建立和諧師生關係」;(6)「營造良好班級氣氛」,整體測量「教師教學效能量表」的建構情形。本研究採用「驗證性因素分析」方法進行「教師教學效能總量表與六向度之測量模式」的適配度分析。

　　本研究探討總量表與六向度之結構模式,主要是以Joreskog & Sorbom (1989) 的線性結構關係模式及設計的LISREL 7.16統計套裝軟體程式來進行分析。其考驗模式指標之各項評鑑項目有一定之規則,如Bollen (1989) 指出評鑑互動模式指標的目的,乃希望從各方面來評鑑理論模式是否能解釋實際觀察所得資料,因此宜從不同角度,並參照多種指標來作合理的判斷。有關評鑑互動模式指標的標準,Bagozzi & Yi (1988) 指出:應該從「基本適配標準」、「整體模式適配標準」、「模式內在適配標準」三者來評鑑互動模式。

■ 模式基本適配標準評鑑結果分析

　　從**表10-6**可看出,所有參數估計數(即λ值)皆達顯著水準,而且誤差值都沒有負值,可見基本適配標準良好。

■ 模式整體適配標準評鑑結果分析

　　整體的適合度指數是.999,調整後的適合度指數是.997,與最大值1很接近,表示本研究所假設的模式與理論上的模式相符合,模式的可信度高;而且本研究結構方程式的整體決定係數是.946,最大正規化殘差是.787,都符合指標評鑑標準,可見模式整體適配標準良好。

表 10-6　教師教學效能總量表與六向度之結構模式參數估計結果

參數λ值	SC 估計值	參數	SC 估計值	R² 值	評鑑指標
教學自我效能信念	.761*	δ1	.421*	R* (Y1)＝.579	
系統呈現教材內容	.883*	δ2	.220*	R* (Y2)＝.780	TCD(Y)=.946
多元有效教學技術	.857*	δ3	266*	R* (Y3)＝.734	GFI=.999
有效運用教學時間	.896*	δ4	.196*	R* (Y4)＝.803	AGFI=.997
建立和諧師生關係	.869*	δ5	.244*	R* (Y5)＝.755	RMSR=.303
營造良好班級氣氛	.849*	δ6	.278*	R* (Y6)＝.721	LSR =.787

■ 模式內在結構適配標準評鑑結果分析

　　各測量指標的信度，六向度的R²從在.579到.803之間，顯示本模式仍有誤差存在。就模式而言，教師教學效能總量表與六向度之結構模式的解釋量有94.6%，顯示本模式之內部結構甚佳。

■ 教師教學效能總量表與六向度之結構模式的適配情形佳

　　從本研究前述教師教學效能總量表與六向度之結構模式的研究發現，在模式基本適配標準評鑑結果、模式整體適配標準評鑑結果、模式內在結構適配標準評鑑結果也都支持本研究之結構模式之成立。因此，也可以支持和解釋教師教學效能總量表與六向度之結構模式有良好的建構效度存在。歸納本研究之結果發現如下：

　　從圖10-2測量模式圖可以看出，由於潛在變項「教師教學效能」的觀察變項「教學效能自我信念」、「系統呈現教材內容」、「多元有效教學技術」、「有效運用教學時間」、「建立和諧師生關係」、「營造和諧班級氣氛」之結構係數分別各為.761、.883、

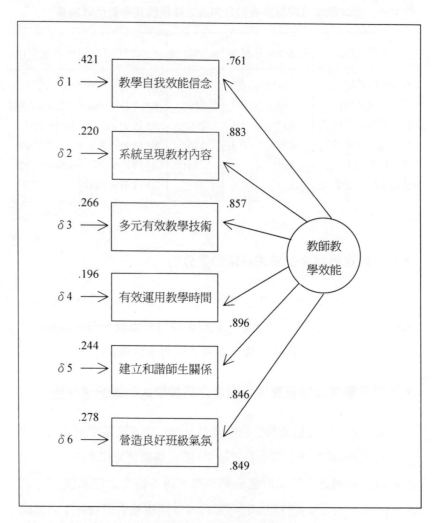

圖 10-2　教師教學效能總量表與六向度之測量模式圖

.857、.896、.869、.849，其t值皆達顯著水準。顯示出前述六個測量變項，均能測到相同的潛在因素（教師教學效能）。測量模式圖的涵義可以解釋如下：當教師教學效能之「教學效能自我信念」愈佳、「系統呈現教材內容」愈佳、「多元有效教學技術」愈佳、「有效運用教學時間」愈佳、「建立和諧師生關係」、「營造良好班級氣氛」愈佳，則「推」教師教學效能的力量也愈強。此結果將本研究中「教師教學效能總量表與六向度之測量模式」假設予以結構化，顯示出其建構效度佳。

第四節　編製精簡的教師教學效能評鑑與自我檢核表

一、依據理論建構分析教師教學效能量表內容

　　筆者根據教學效能理論與相關研究分析，建構形成問卷初稿、建立專家內容效度、實施與分析預試問卷，從施測結果發現：各向度與總量表之內在相關結果皆達 .01顯著水準，顯示本問卷之向度建構良好；其次綜合因素分析、各題與各向度及總量表之相關分析及信度分析三種統計分析方法刪減題數詳於**表10-7**。

表 10-7 「教師教學效能量表」統計分析後篩選題目情形

向度別	因素分析刪減題次	相關分析刪減題次	信度分析刪減題次	綜合評斷刪減題次	篩選之後保留的題次
向度一：教學自我效能信念	2、4	1、6	2、4	2、4	1,3,5,6,7,8
向度二：系統呈現教材內容	12、16	12、16	12、16	12、16	9,10,11,13,14,15
向度三：多元有效教學技術	19、24	19、24	19、24	19、24	17,18,20,21,22,23
向度四：有效運用教學時間	25、32	25、32	25、32	25、32	26,27,28,29,30,31
向度五：建立和諧師生關係	36、38	36、38	36、38	36、38	33,34,35,37,39,40
向度六：營造良好班級氣氛	41、48	41、48	41、48	41、48	42,43,44,45,46,47

二、編製精簡的教師教學效能評鑑與自我檢核表

根據預試問卷分析結果，每個向度篩選六個題目，六個向度共計挑選出三十六題。編製成本研究工具「教師教學效能正式調查問卷」，建構本研究之教師教學效能評鑑指標，詳見如下表10-8。

表 10-8　教師教學效能量表正式問卷

> 【說明】下列敘述是為了瞭解您在教室教學的狀況，請根據您在教室的實
> 　　　　際情況的符合程度，在 5 - 4 - 3 - 2 - 1 的適當數字上打「○」。

	完全符合	大部分符合	部分符合	大部分不符合	完全不符合
1.我覺我有足夠的學識和經驗可以處理學生學習的問題…	5 -	4 -	3 -	2 -	1
2.只要我盡力即使學生的學習動機不強我也能把他們教好	5 -	4 -	3 -	2 -	1
3.我對學生期望高而他們也朝向我的期望去努力…………	5 -	4 -	3 -	2 -	1
4.雖然學校環境設備不佳，但我也能發揮教學的成效……	5 -	4 -	3 -	2 -	1
5.我相信經由我的教學，可以改變家庭經驗對學生的影響	5 -	4 -	3 -	2 -	1
6.對不守紀律的學生，我有辦法讓他們接受紀律的要求…	5 -	4 -	3 -	2 -	1
7.在進行教學前，我會事先做好教學計畫………………	5 -	4 -	3 -	2 -	1
8.在進行教學前，我會充分精熟授課單元的內容…………	5 -	4 -	3 -	2 -	1
9.在進行教學前，我會安排預習活動並要求學生確實做到	5 -	4 -	3 -	2 -	1
10.在教學過程中，我會總結學生發表的意見並加以指導…	5 -	4 -	3 -	2 -	1
11.在每節結束前，我會總結教材內容並摘要學習要點……	5 -	4 -	3 -	2 -	1
12.在每節結束前，我會示範並指導學生如何整理學習要點	5 -	4 -	3 -	2 -	1
13.在教學過程中，我會變化教學活動維持學生的注意力…	5 -	4 -	3 -	2 -	1
14.我會配合教學需要，進行實驗、分組活動等方式教學…	5 -	4 -	3 -	2 -	1
15.我能依教學科目教材內容選用適當的教學媒體…………	5 -	4 -	3 -	2 -	1
16.我會應用不同的教學方法，如講述法、討論法、問答法	5 -	4 -	3 -	2 -	1
17.我會以開放式問題，促進學生進一步思考……………	5 -	4 -	3 -	2 -	1
18.我會以問題形式，由淺而深探詢學生是否真正瞭解……	5 -	4 -	3 -	2 -	1
19.我會合理分配起承轉合每一個教學活動時間…………	5 -	4 -	3 -	2 -	1
20.我會維持緊湊流暢的教學步調…………………………	5 -	4 -	3 -	2 -	1

（續）表 10-8　教師教學效能量表正式問卷

【說明】下列敘述是為了瞭解您在教室教學的狀況，請根據您在教室的實
際情況的符合程度，在 5 - 4 - 3 - 2 - 1 的適當數字上打「○」。

	完全符合	大部分符合	部分符合不符合	大部分不符合	完全不符合
21.我會在轉換教學活動時，對學生作清楚明確的指示	5	4	3	2	1
22.我會以簡短的時間處理課堂上突發的問題，並迅速排除	5	4	3	2	1
23.我會在作教學準備時先作好上課時間的安排	5	4	3	2	1
24.我會給予學生足夠發問、討論的時間	5	4	3	2	1
25.我會與學生共同檢討學習成果，指導其努力的方向	5	4	3	2	1
26.我會與學生分享彼此的經驗，促進師生感情交流	5	4	3	2	1
27.我會設計合作式教學活動，促進師生互動與學生互動	5	4	3	2	1
28.我會對有特殊困難的學生，表達善意和幫助	5	4	3	2	1
29.我會以民主的方式，給予學生自我表達和作決定的機會	5	4	3	2	1
30.我會以幽默的氣氛帶動教室裡輕鬆愉快的學習氣氛	5	4	3	2	1
31.在我的教室裡，我能保持良好的師生溝通	5	4	3	2	1
32.在我的教室裡，我能創造融洽的學習氣氛	5	4	3	2	1
33.在我的教室裡，學生們聽課的態度良好	5	4	3	2	1
34.在我的教室裡，我有很強的團隊凝聚力	5	4	3	2	1
35.在我的教室裡，學生們都能遵守班級規定或公約	5	4	3	2	1
36.在我的教室裡，學生們的學習需求都能得到滿足	5	4	3	2	1
33.我會與學生共同檢討學習成果，指導其努力的方向	5	4	3	2	1
34.我會與學生分享彼此的經驗，促進師生感情交流	5	4	3	2	1
35.我會設計合作式教學活動，促進師生互動與學生互動	5	4	3	2	1
36.我會設置意見箱利用書信與學生聯繫	5	4	3	2	1

參考文獻

一、中文部分

王加微（民79），《行爲科學導論》，台北：五南。

王受榮（民81），〈我國國民中小學教師效能感及其影響因素之研究〉，台北：國立台灣師範大學教育研究所博士論文（未出版）。

王俊明（民71），〈國小級任教師之領導行爲對班級氣氛的影響〉，台北：國立台灣師範大學輔導研究所碩士論文（未出版）。

王俊明（民75），〈影響級任教師領導行爲之因素及其相關問題之研究〉，《光武工專學報》，11，頁101-132。

王淑俐（民85），〈老師應該是演講高手嗎？——教學表達能力檢核表之編制與運用（上）〉，《師友》，343，頁44-47。

王淑俐（民85），〈老師應該是演講高手嗎？——教學表達能力檢核表之編制與運用（下）〉，《師友》，344，頁44-46。

方炳林（民65），《教學原理》，台北：教育文物出版社。

方德隆（民82），〈班級經營的理論基礎及研究方法〉。載於國立屏東師範學院（民82）：《班級經營學術研討會論文彙編》（1-26），屏東：國立屏東師範學院。

朱文雄（民78），《班級經營》，高雄：復文。

朱文雄（民82），〈建構教室行爲管理系統方案之研究——化理論
　　爲實務〉，載於國立屏東師範學院（民82）：《班級經營學術
　　研討會論文彙編》（57-118），屏東：國立屏東師範學院。

台北市政府教育局（民75），《國民小學班級經營的理論與實
　　際》，台北：台北市政府教育局。

台北市立師範學院（民84），《班級經營理論與實務研討會大會手
　　冊暨論文集》，台北：台北市立師範學院承辦。

台灣省政府教育廳（民83），《班級經營的理論與實際》，南投：
　　台灣省政府教育廳。

江展塏（民83），〈國民小學校長領導型式與教師教學自我效能關
　　係之研究〉，台北：台北市立師範學院初等教育研究所碩士論
　　文（未出版）。

江淑卿（民83），〈如何激發班級成就動機氣氛〉，《學生輔導雙
　　月刊》，33，頁36-39。

任慶儀（民82），〈實施班級經營對國小教師獎懲方式之影響〉，
　　載於國立屏東師範學院（民82）：《班級經營學術研討會論文
　　彙編》（205-234），屏東：國立屏東師範學院。

李玉嬋（民83），〈從教師效能理論談班級經營〉，《學生輔導雙
　　月刊》，33，頁24-29。

李咏吟、單文經（民84），《教學原理》，台北：遠流。

李春芳（民82），〈「班級經營的策略」快樂的一天——教室
　　裡〉。載於國立屏東師範學院（民82）：《班級經營學術研討
　　會論文彙編》（191-204），屏東：國立屏東師範學院。

李彥儀（民79），〈臺北市國民中學導師人格特質、領導行爲對班

級氣氛之影響研究〉，台北：國立政治大學教育研究所碩士論文（未出版）。

李俊湖（民81），〈國小教師專業成長與教學效能關係之研究〉，台北：國立台灣師範大學教育研究所碩士論文（未出版）。

李祖壽（民69），《教學原理與教學法》，台北：大洋。

李園會（民78），《班級經營》，台北：五南。

金樹人（民78編譯），《教室裡的春天——教室管理的科學與藝術》，台北：張老師出版社。

金樹人（民83編譯），《教室裡的春天——教室管理的科學與藝術》，台北：張老師出版社。

林正文（民85），〈正增強原理在班級經營中的應用〉，《班級經營》，1(1)，頁5-10。

林合懋（民84），〈學校主管與企業主管轉型領導之比較研究〉，台北：國立政治大學教育研究所碩士論文（未出版）。

林邦傑（民82），〈如何培養領導能力〉，載於吳靜吉（民82）：《與青年人談心——青年人的自我追尋》（5-20），台北：遠流。

林清山（民76），〈教學的心理學基礎〉，載於中國教育學會（民76）：《有效教學研究》（57-87），台北：台灣書店。

林清達（民82），〈Z理論在班級經營上的運〉，載於國立屏東師範學院（民82）：《班級經營學術研討會論文彙編》（27-40），屏東：屏東師範學院。

林海清（民83），〈高中教師激勵模式與其工作滿意服務士氣教學效能之研究，台北：國立政治大學教育研究所博士論文（未出版）。

林建平（民84），〈親師的關係與溝通〉，載於台北市立師範學院
　　（民84）：《班級經營理論與實務研討會論文集》（61-
　　78），台北：台北市立師範學院。

吳武典（民83），〈如何培養良好的班級氣氛〉，《學生輔導雙月
　　刊》，33，頁18-23。

吳武典、陳秀蓉（民67），〈教師領導行為與學生期待、學業成就
　　及生活適應〉，《師大教育心理學報》，11，頁105-137。

吳清山（民80），《學校行政》，台北：心理。

吳清山（民80），《學校效能研究》，台北：五南。

吳清山（民84），〈教師管教權責之探討〉，載於台北市立師範學
　　院（民84）：《班級經營理論與實務研討會論文集》（129-
　　140），台北：台北市立師範學院。

吳清山（民85），〈提昇班級經營效能的有效途徑〉，《班級經
　　營》，1（1），頁11-17。

吳清山、李錫津、劉緬懷、莊貞銀、盧美貴（民79），《班級經營》，
　　台北：心理。

吳清基（民78），《教師與進修》，台北：師大書苑。

吳秉恩（民75），《組織行為學》，台北：華泰。

吳鐵雄（民85），〈營造教室的春天〉，《班級經營》，1（1），
　　頁1-4。

周新富（民80），〈國民小學教師專業承諾、教師效能能信念與學
　　生學業成就關係之研究〉，高雄：國立高雄師範大學教育研究
　　所碩士論文（未出版）。

邱祖賢（民83），〈有效的班級管理模式理論與實務〉，《學生輔
　　導雙月刊》，33，頁30-35。

胡坤璿（民82），〈國小班級經營中的輔導工作之探討〉。載於國
　　立屏東師範學院（民82）：《班級經營學術研討會論文彙編》
　　（235-260），屏東：國立屏東師範學院。

曾仕強、劉君政（民78），《圓通的領導》，台北：伯樂。

柯華威（民77），〈教室規矩──一個觀察研究報告〉，載於國立
　　屏東師範學院（民77）：《質的探討在教育研究上的應用學術
　　研討會論文集》（73-116），屏東：國立屏東師範學院。

徐文玉（民83），〈班級個案診斷及班級檢核表之初步編寫〉，《學
　　生輔導雙月刊》，33，頁40-49。

高強華（民84a），《樂在教學──提昇教學的品質》，台北：南
　　宏。

高強華（民84b），〈班級師生關係及學生同儕關係的經營〉，載於
　　台北市立師範學院（民84）：《班級經營理論與實務研討會論
　　文集》（41-60），台北：台北市立師範學院。

鄭燕萍（民75），《教育的功能與效能》，香港：廣角鏡出版公司。

單文經（民82），〈台北市四所國民小學學生心目中的「有效的常
　　規管理者特質」〉，載於國立屏東師範學院（民82）：《班級
　　經營學術研討會論文彙編》（119-148），屏東：國立屏東師範
　　學院。

單文經（民83），《班級經營策略研究》，台北：師大書苑。

許慧玲譯（民77），《教室管理》，台北：心理。

許桂美（民83），〈低年級班級經營〉，《學生輔導雙月刊》，33，
　　頁74-77。

教育部中等教育司（民84），《師資培育法及其相關法規選輯》，
　　台北：教育部中等教育司。

教育部國民教育司（民82），《國民小學班級實務手冊》，台北：
　　教育部國民教育司。

國立屏東師範學院（民82），《班級經營學術研討會論文彙編》，
　　屏東：國立屏東師範學院主辦。

曾燦燈（民85），〈班級經營與班級領導〉，《班級經營》，1
　　(1)，頁25-32。

施妙旻（民84），〈隱涵領導理論與領導行為關係之研究〉，台北：
　　國立政治大學教育研究所碩士論文（未出版）。

陳木金（民85），〈國民小學學校教學配合措施對教師教學效能之
　　影響研究〉，《國立政治大學學報》，第73輯，頁227-252。

陳木金（民86），〈談教師領導技巧對有效班級經營策略影響之研
　　究〉，載於國立台灣師範大學《學校教育改革專輯》（69-
　　96)。

陳木金（民86），〈國民小學教師教室領導技巧評鑑指標建構之研
　　究〉，《國立政治大學學報》，第75輯，頁119-172。

陳木金（民86），〈國民小學教師教學效能評鑑指標建構之研
　　究〉，刊載於《國立台灣藝術學院院刊》，第61期。

陳木金（民86），〈國民小學教師領導技巧、班級經營策略與教學
　　效能之關係研究〉，台北：國立政治大學教育研究所博士論文
　　（未出版）。

陳墉（民85），〈班級經營與人文主義教育〉，《班級經營》，1
　　(1)，頁18-24。

陳武雄（民84），〈教師建設性思考與其教學自我效能、衝突解決
　　方〉，台北：國立政治大學教育研究所碩士論文（未出版）。

陳奎憙（民76），〈有效教學的社會學基礎〉，載於《中國教育學

會（民76）：《有效教學研究》（109-154），台北：台灣書店。

陳雅莉（民83），〈教師教育信念與班級經營成效關係之研究〉，台北：國立台北師範學院初等教育研究所碩士論文（未出版）。

陳碧雲（民84），〈初任科學教師班級經營的面貌與成長〉，彰化：國立彰化師範大學科學教育研究所碩士論文（未出版）。

陳彰儀（民84），《組織心理學》，台北：心理。

陳麗華（民84），〈從兒童的族群社會化談班級的族群關係經營〉，載於《台北市立師範學院（民84）：《班級經營理論與實務研討會論文集》（15-40），台北：台北市立師範學院。

陳慶瑞（民82），〈費德勒權變領導理論研究——理論分析與擴展〉，台北：國立政治大學教育研究所博士論文（未出版）。

黃光雄（民77），《教學原理》，台北：師大書苑。

黃昆輝（民77），《教育行政學》，台北：東華。

黃政傑（民82），《課程教學之變革》，台北：師大書苑。

黃政傑、李隆盛（民82），《班級經營理念與策略》，台北：師大書苑。

黃鴻文（民70），〈學校經驗對國中教師教室領導行為的影響〉，台北：國立台灣師範大學教育研究所碩士論文（未出版）。

詹為淵（民82），〈班級經營決策支援系統模式建構之研究〉，高雄：國立高雄師範大學工藝教育研究所碩士論文（未出版）。

梁茂林（民81），〈高級職業學校教師教師成敗歸因及其相關因素之研究〉，台北：國立政治大學教育研究所博士論文（未出版）。

張玉燕（民84），〈課程與教學的經營〉，載於台北市立師範學院（民84）：《班級經營理論與實務研討會論文集》（107-127），台北：台北市立師範學院。

張世平（民72），〈高中生的教師期望、父母期望、自我期望與學業成就的關係〉，台北：國立台灣師範大學教育研究所碩士論文（未出版）。

張秀敏（民84），《模範教師的教室管理個案研究》，台北：行政院國家科學委員會科資中心。

張笑虹（民84），〈班級團體的常規輔導〉，載於《台北市立師範學院（民82）班級經營理論與實務研討會論文集》（141-160），台北：台北市立師範學院。

張德銳（民82），〈情境領導理論及其在國小班級領導之應用〉，載於國立屏東師範學院（民82）：《班級經營學術研討會論文彙編》（41-56），屏東：國立屏東師範學院。

張德銳（民83），《國小教師教學評鑑系統之研究》，台北：教育部，（教育部人文社會科學教育改進計畫專案研究執行成果報告）。

張潤書（民79），《行政學》，台北：三民。

張靜儀（民82），〈自然科教室管理個案觀察研究報告〉，《國立屏東師範學院（民82）：《班級經營學術研討會論文彙編》（261-278），屏東：國立屏東師範學院。

歐陽教（民76），〈教學的觀念分析〉，載於中國教育學會（民76）：《有效教學研究》（1-29），台北：台灣書店。

熊智銳（民83），《開放型的班級經營》，台北：五南。

謝文全（民74），《教育行政》，台北：文景。

謝寶梅（民84），〈國小教師自我效能感之調查研究〉，《初等教育研究所輯刊》，3，頁79-96。

蔡培村（民74），〈國民中小學校長的領導特質、權力基礎、學校組織結構及組織氣氛與教師工作滿足之比較研究〉，台北：國立政治大學教育研究所博士論文（未出版）。

蔡進雄（民84），〈有效的班級經營：教師領導方式、班級氣氛與學業成就〉，《教育資料文摘》，214，頁147-160。

鄭玉疊、郭慶發（民83），《班級經營──做個稱職的教師》，台北：心理。

劉佑星（民85），〈談班級經營的理念與基本做法〉，載於《班級經營》，1（1），頁33-38。

劉春榮、陳明終（民84），〈學生暴力行為的防範與處理〉，載於台北市立師範學院（民84）：《班級經營理論與實務研討會論文集》（161-184），台北：台北市立師範學院。

劉威德（民83），〈國中教師教學成敗歸因、社會支持與教學自我效能相關之研究〉，高雄：國立高雄師範大學教育研究所碩士論文（未出版）。

劉榮裕（民84），〈國小級任教師班級經營領導模式與學生學業成就相關之研究〉，台北：國立政治大學教育研究所碩士論文（未出版）。

劉興漢（民74），〈領導理論及其在教育行政上的運用〉，載於《中華民國比較教育學會（民74）：《教育行政比較研究》（398-409），台北：台灣書店。

劉緬懷（民82），〈台北市國小兒童班級級會活動實施調查研究〉，《國立屏東師範學院（民82）：《班級經營學術研討會

論文彙編》（279-314），屏東：國立屏東師範學院。

劉緬懷（民84），〈時空的規劃與運用——班級經營策略之一〉，載於台北市立師範學院（民84）：《班級經營理論與實務研討會論文集》（79-106），台北：台北市立師範學院。

孫志麟（民80），〈國民小學教師自我效能及其相關因素之研究〉，台北：國立政治大學教育研究所碩士論文（未出版）。

孫敏芝（民74），〈教師期望與師生交互作用：一個國小教室的觀察〉，台北：國立台灣師範大學教育研究所碩士論文（未出版）。

孫敏芝（民77），〈教室俗民誌的初步探討與反省〉，載於國立屏東師範學院（民77）：《質的探討在教育研究上的應用學術研討會論文集》（23-40），屏東：屏東師範學院。

蕭德蘭（民82譯），《魅力其實很簡單》，台北：天下文化。

鍾啓泉（民84），《班級經營學》，台北：五南。

鄭英耀（民81），〈國小教師創造思考、批判思考及其相關因素之研究〉，台北：國立政治大學教育研究所博士論文（未出版）。

二、英文部分

Armor, D, Conry, O. P., Cox, M., King, N. McDonell, L., Pascal,a., Pauly, E., & Zellman, G. (1970). *Analysis of the school preferred reading program in selected Los Angeles minor school*. Santa, Monica, CA: The Rand Corporation. (ERIC Document Reproduction Service No.

ED 130 243).

Ashton P.T., Webb, R. B., & Doda, N. (1983). *A study of teachers' sense of efficacy* . (Final Report. National Institute of Education Contract No. 400-79-0075) Ganiesville, FL: University of Florida. (ERIC Document Reproduction Service No. ED 231 834).

Ashton P. T. (1984). Teacher efficacy: A motivational paradigm for effective teacher education, *Journal of Teacher Education, 19(5)* , p. 28-32.

Ashton P.T., & Webb, R. B. (1986). *Making a difference : Teacher's sense of efficacy and student achievement.* New York: Longman.

Barfield, V. & Burlingame, M. (1974). The pupil control ideology of teacher in selected schools. *The Journal of Experimental Education, 42(4)* , 6-11.

Bass, B. M. (1985). *Leadership and performance beyond expectations.* New York: Free Press.

Berliner, (1979). Tempus educate. In P. L. Walberg (Eds.) *Research on Teaching.* Berkeley, CA: McCutchan.

Berman, P., McLaughlin, M. W., Bass, G., Paulay, E., & Zellman, G. (1977). *Federal programs supporting education change, Vol, Ⅶ: Factors affecting implementation and continuation.* Santa, Monica, CA: The Rand Corporation. (ERIC Document Reproduction Service No. ED 140 432).

Bull, S., & Solity, J. (1987). *Classroom management: Principle to practice.* New York: Croom Helm.

Borich, G. D. (1986). Paradigms of effective teaching: Their relationship to concept of effective teaching. *Education and Urban Society, 18(2)* , 143-167.

Borich, G. D. (1994). *Observation skills for effective teaching.* New York: Macmillan.

Bowers, C., & Flinders, D. (1990). *Responsive teaching: An ecological approach to classroom pattern of language, culture, and thought.* New York: Teacher College Press.

Boyatzis, R. E. (1982). *The competent manager.* New York: John Wiley.

Braskamp, L. A., Brandenbury, D. C., & Ory, J. C. (1984). *Evaluating teaching effectiveness: A practical guide.* Beverly Hills, CA: Sage.

Bray, D. W., Campbell, R. J., & Grant, D. L. (1974). *Formative years in business: A long term AT&T study of managerial lives.* New York: John Wiley.

Brophy, J. & Good, T. L. (1974). *Teacher-Student relations.* New York: Holt.

Brophy, J. (1988). Research on teacher effects: Uses and abuses. *Elementary School Journal, 89(1)* , 3-22.

Cangelosi, J. S. (1988). *Classroom management strategies: Gaining and maintaining students' cooperation.* New York: Longman.

Carson, J. C., & Carson, P. (1984). *Any teacher can: Practical strategies for effective classroom management.* Spring-filed, Illinois: Charles Thomas.

Cavers, L. (1988). Teacher efficacy: Its relationship to school level organizational conditions and teacher demographic characteristics. (Ed. D., The University of British Columbia.) *Diseration Abstracts Interation, 49/12A.*

Charles, C. M. (1989). *Building classroom discipline: From models to practice (3rd ed.).* New York: Longman.

Conger, J. A. & Kanungo, R. (1987). Toward a behavioral theory of charismatic leadership in organizational settings. *Academy of Management Review, 12,* 637-647.

Conger, J. A. & Kanungo, R. (1988). *Charismatic leadership.* San Francisco: Jossey-Bass.

Curwin, R. L., & Mendler, A. N. (1980). *The discipline book: A complete guide to school and classroom management.* Virginia: Reston.

Davis, G. A. & Thomas, M. A. (1989). *Effective schools and effective teachers.* Boston: Allyn and Bacon.

Denham, C. & Lieberman, A. (1980). *Time to learn.* Washington, D. C. National Institute of Education.

Deham, C. H., & Michael, J. J. (1981). Teacher sense of efficacy: A definition of the construct and a model for further research. *Education research Quarterly, 6(1)* , 39-63.

Dollar, B. (1972). *Humanizing classroom discipline: A behavioral approach.* New York: Harper & Row.

Dreikurs, R., Grunwald, B. B., & Pepper, F. C. (1982). *Maintaining Sanity in the classroom: Classroom management techmiques.* New York: Harper & Row.

Eden, D. & Levitan, V. (1975). Implicit leadership theory as a determinant of the factor structure underlying supervisory behavior scaled. *Journal of applied Psychology, 60* ,739-741.

Edwards, C. H. (1993). *Classroom discipline and management.* New York: Macmillan.

Eisenhart, M. & Borko, H. (1993). *Designing classroon research: Themes, issues, and struggles.* Boston: Allyn and Bacon.

Emmer, E. T., Evertson, C. M., & Clements, B. (1984). *Classroom management for Secondary teacher.* Englewood Cliffs, NJ: Prentice Hall.

Emmer, E. T. (1987). Classroom management. In *M. J. Dunkin (Ed.) The international encyclopedia of teaching and teacher education. (pp. 437-446).* Oxford: Pergamon Press.

Fielder, F. E. (1964). A contingency model of leadership effectiveness . In L. Berkowitz (Ed.), *Advances in experimental social psychology.* New York: Acadmic Press.

Fielder, F. E. (1967). *A theory of leadership effectiveness.* New York: McGraw-Hill Book .

Fielder, F. E. (1986). The contribution of cognitive resources to leadership performance. *Journal of applied Social Psychology, 16,* 532-548.

Flanders, N. (1970). *Analysis teacher behavior.* Reading, MA: Addison Wesley.

French, J. R. P., & Raven, B. (1960). The bases of social power. In D. Catwrigh, & A. F. Zander (Eds), *Group Dynamics.* Evanston: Row, Peterson & Co., pp.607-623.

Gibson, S. & Dembo, M. H. (1984). Teacher efficacy: A construct validation. *Journal of Educational Psychology, 76(4),* 569-582.

Ginott, H. (1971). *Teacher and child.* New York: Macmillan.

Glasser, W. (1965). *Reality therapy: A new approach to psychiarty* New York: Harper and Row.

Glasser, W. (1969). *Schools without failure.* New York: Harper and Row.

Glasser, W. (1986). *Control theory in the classroom.* New York: Harper and Row.

Glasser, W. (1990). *The quality school.* New York: Harper and Row.

Good, C. V. (1973). *Dictionary of Education.* New York: Mac-Gram. Hill.

Good, T. L. (1979). Teacher effectiveness in elementary school: what we know about it. *Journal of Teacher Education, 30(2),* 52-64.

Good, T. L. (1983). Classroom research: A decade of progress.*Educational Psychologist, 18* , 127-144.

Good, T, L., & Brophy, J. E. (1973). *Looking in classroom.* New York: Harper & Row.

Good, T. L, & Weinstein, R. S. (1986). Teacher expectations: A framework for exploring classroom. In K. K. Zumwalt (Ed.) *Improvinginternational encyclopedia of teaching and teacher educationteaching. 1986 ASCD Yearbook.* Alexandria, VA: Association for Supervision and Curriculum Development.

Guskey, J. R. (1987). Context variables that affect measures of teacher efficacy. *Journal of Educational Research, 81(1)*, 41-47.

Guskey, J. R. (1988). Teacher efficacy, self-concept, and attitudes implementatkon of instructional innovation. *Teacher Education, 4(1)*, 63-69.

Haigh, N. & Katterns, B. (1984). Teacher effectiveness: problem or goal for teacher education. *Journal of Teacher Education, 34*, 23-25.

Harris, T. A. (1967). *I'm OK-You're OK.* New York: Avon Books.

Hemphill, J. K. & Coons, A. E. (1957). Development of the leader behavior behivor description questionnaire. In R. M. Stogdill, & A. E. Coons (eds.), *Leader behavior: Its Description and Measurement.*

OH: Bureau of Business Research, Ohio State University.pp.

39-51. Hersey, P. & Blanchard, K. H. (1988). *Manage-ment of organizational behavior: Utilizing human resources.* Englewood Cliffs, NJ: Prentice Hall.

Hollander, E. P. (1979). Leadership and social change process. In K. Gergen, M. S. Greenberg, & R. H. Willis (Eds.), *Social exchange : Advances in theory and research.* New York: Winston -John Wiley, pp. 32-60.

Hoover-Dempsey, K. V., Bassler, O. C., & Brissie, J. S. (1987). Parent involvement: Contribution of teacher efficacy, school socioeconomic status, and other school characteristics.*American Educational Research Joural, 24,* 417-435.

Hopkins, D. (1993). *A teacher's guide to classroom resarch*-Buckingham, Philadelphia: Open University Press.

Hosking, D. M. (1988). Organizing, leadership, and skillful process.*Journal of Management Studies, 25,* 147-166.

House, R. J. (1971). A path-goal theory of leader effectiveness.*Administrative Science Quarterly, 16,* 321-339.

Hoy, W. K. & Miskel, C. G. (1987). *Educational Administration: Theory , research and practice.* New York: Random House.

Jacobs, T. O. (1970). *Leadership and exchange in formal organization*

Jacobs, T. O. & Jaques, E. (1990). Military executive leadership. In K. E. Clark & M. B. Clark (Eds.), *Measures of* leadership. West Orange, NJ: Leadership Library of America, pp.281-295.

Janda, K. F. (1960). Towards the explication of the concept of leadership in terms of the concept of power. *Human Relation, 13,* 345-363.

Johnson, L. V. & Bany, M. A. (1970). *Classroom management.* New York: Macmillan.

Johnson, M., & Brooks, H. (1979). Conceptualizing classroom management. In*D. L. Duke (Ed.) Classroom management.* (pp.1-41). *The seventy-eighth yearbook of the National Society for the Study of Education, Part* II. Chicago: University of chicago.

Jones, F. H. (1987). *Postive Classroom Discipline* New York: McGraw-Hill.

Jones, V. F., & Jones, L. S. (1987). *Responsible Classroom management: Creating positive learning environments and solving problems.* Boston: Allyn and Bacon.

Jones, V. F., & Jones, L. S. (1990). *Comprehensive classroom management: Motivating and managing students.* Boston: Allyn and Bacon.

Katz, D. & Kahm, R. L. (1978). *The social psychology of organizaitons (2nd).* New York: Wiley.

Katz, D. Maccoby, N., & Morse, N. C. (1950). *Productivity, supervision, and morale among railroad worker.* Ann Arbor, MI: Institute for Social Research.

Kerr, S. & Jermier, J. M. (1978). Substitutes for leadership: Their meaning and measurement. *Organizational Behavior and Human Performance, 22,* 375-403.

Kochan, T. A., Schmidt, S. S., & DeCotiis, T. A. (1975). Superior- subordinate relations: Leadership and headship. *Human Relation ,28,* 279-294.

Kourilsky, M. & Quaranta, L. (1987). *Effective teaching: Principles and practice* Glenview, Illinois: Foresman.

Kyriacou, C. (1989). *Effective teaching in Schools.* Oxford: Basil Blackwell, Ltd.

Likert, R. (1961). *New pattern of management.* New York: McGraw-Hill.

Lipham, L. (1964). Leadership and administration. In D. E. Griffiths (eds). *Behavioral Science and Educational Administration.* Chicago: University of Chicago.

Luthans, F. (1977). *Organizational behavior.* New York: McGraw-Hill.

Mann, F. C. (1965). Toward and understanding of the leadership role in formal organization. In R. Dubin, G. C. Homans, F. C. Mann, & D. C. Miller (Eds.), *Leadership and productivity.* San Francisco: Chandler.

Marsh, H. W., & Bailey, M. (1991). *Multidimensional students' evaluations of teaching effectiveness: A profile analysis.* Australia, New South Wales: Geographic srce./ country of publication. (ERIC Document Reproduction

Service No. ED 350 310).

Mayer, R. E. (1987). *Educational psychology: A cognitive approach.* Boston: Little, Brown.

McCall, M. W. & Lombardo, M. M. (1983). What makes a top executive? *Psychology Today, February,* 26-31.

McHaney, J. H., & Impey, W. D. (1992). *Strategies for analyzing and evaluating teaching effectiveness using a clinical supervision model.* Paper presented at the Annual Meeting of the Mid-South Educational Research Association (21st, Knoxville, TN, November 11-13, 1992). U. S., Georiga: Geographic srce./country of publication. (ERIC Document Reproduction Service No. ED 354 268).

Medley, D. (1979). The effectiveness of teachers. In P. Perterson and H. Walberg (Eds.). *Research on teachin: Concepts , findings, and implication.* Berkeley, CA: McCutchan.

Money, S. M. (1992). *What is teaching effectiveness? a survey of student and teacher perceptions of teacher effectiveness.* Humber Coll. of Applied Arts and Technology, Etobicoke (Ontario). North Campus. Candina Ontario: Geographic srce./country of publication. (ERIC Document Reproduction Service No. ED 351 056).

Moore, K. D. (1992). *Classroom teaching skill (2nd ed.)* New York: MacGraw-Hill.

Newman, F. M., Rutter, R. A., & Smith, M. S. (1989). Organizational factors that affect school sense of efficacy, community and expectations, *Sociology of Education, 62*, 221-238.

Onosko, J. (1989). Comparing teachers' teaching about promoting students' thinking. *Theory and Research in Social Education, 17(3),* 174-195.

Perrott, E. (1987). *Effective teaching: A practical guide to improving your teaching.* New York: Longman.

Rauch, C. F. & Behling, O. (1984). Functionalism: Basis for an alternate approach to the study of leadership. In J. G. Hunt, D. M. Hosking, C. A. Schriesheim, & R. Stewart (Eds.), *Leaders and and Managers: Interational Perspectives on managerial behavior and leadership.* Elmsford, NY: Pergamon Press, pp. 45-62.

Reddin, W. J. (1967). The 3-D management style theory: A typology based on task and relationships-orientation. *Training and Development Journal, 21,* pp. 1-21.

Reddin, W. J. (1970). *Managerial Effectiveness.* New York: McGraw-Hill Book Company.

Robbins, S. P. (1992). *Organizational behavior: concept, controversies, and application.* NJ: Prentice Hall.

Rosenholtz, S. J. (1989). *Teachers' workplace: The social organization of schools.* New York: Longman.

Rosenholtz, S. J. & Simpson, C. (1990). Workplace conditions and the rise and fall of teachers' commitment. *Sociology of Education, 63*, 241-257.

Rosenshine, B. V. (1980). How time is spent in elementary classroom. In C. Denham & A. Lieberman (Eds.) *Time to learn*. Washington, D. C.: National Institute of Education.

Rosenshine, B. V. (1983). Teaching functions in instructural programs. *Elementary School Journal, 83*, 335-351.

Rosenshine, B. V. (1986). Synthesis of research on explicit teaching *Educational Leadership, 83*, 60-66.

Ryan, D. W. (1986). *Developing a new model of teacher effectiveness* Ontario : Ministry of Education.

Schein, E. H. (1992). *Organizational culture and leadership*. San Francisco: Jossey-Bass.

Smith, C. J., & Laslett, R. (1993). *Effective classroom management: A teacher's guide.* New York: Routledge.

Smylie, M. A. (1990). Teacher efficacy at work. In P. Reyes (Eds), *Teachers and their workplace* (pp. 48-66). CA: Sage.

Stallings, J. & Kaskowitz, D. (1974). *Follow through classroom observation evaluation 1972-73.* Standford, CA: Standford Research Institute.

Stogdill, R. M. (1974). *Handbook of Leadership: A Survey of theory and research.* New York: The Free Press.

Tannenbom, R., Weschler, I. R., & Massarik, F. (1961). *Leadership and Organization.* New York: McGraw-Hill.

Tauber, R. T. (1990). *Classroom management form A to Z* Chicago: Holt, Rinehart and Winston.

Tang, L. P. (1994). *Teaching evaluation in the college of business: factors related to the overall teaching effectiveness.* U. S., Tennessee: Geographic scre. /country of publication. (ERIC Document Reproduction Service No. ED 374 716).

Vroom, V. H. & Yetton, P. W. (1973). *Leadership and decision making.*Pittsburgh: University of Pittsburgh Press.

Weber, M. (1947). *The theory of social and economic organizations* (translated by T. Parsons). New York: Free Press.

Webb, R. (1992). *Teaching and the Domains of Efficacy.*

Paper Presented at the Ammual Meeting of the American Educational Research associaton, New York.

Woolfolk, A. E. & Hoy, W. K. (1990). Prospective teachers' sense of efficacy and beliefs about control.*Journal of Educational Psychology, 82(1)*, 81-91.

Yukl, G. (1971). Toward a behavioral theory of leadership. *Organizational Behavior and Hunman Performance, 6*, 414-440.

Yukl, G. (1989). *Leadership in organizations (2nd.).* Englewood Cliffs, NJ: Prentice Hall.

Yukl, G. (1994). *Leadership in organizations (3rd.).* Englewood Cliffs , NJ: Prentice Hall.

班級經營　Classroom 1

作　　　者／陳木金
出 版 者／揚智文化事業股份有限公司
發 行 人／葉忠賢
總 編 輯／孟　樊
執行編輯／鄭美珠
登 記 證／局版北市業字第 1117 號
地　　　址／台北市新生南路三段 88 號 5 樓之 6
電　　　話／(02)2366-0309　2366-0313
傳　　　真／(02)2366-0310
E-mail／tn605547@ms6.tisnet.net.tw
網　　　址／http://www.ycrc.com.tw
印　　　刷／偉勵彩色印刷股份有限公司
法律顧問／北辰著作權事務所　蕭雄淋律師
初版二刷／1999 年 9 月
I S B N ／957-818-017-9
定　　　價／新台幣 320 元
郵政劃撥／14534976

國家圖書館出版品預行編目資料

班級經營 ／ 陳木金著. -- 初版. -- 台北
市：揚智文化，1999 [民 88]
　　面；　公分. （Classroom；1）
參考書目：面
ISBN　957-818-017-9（平裝）

1.教室管理　2.教學法 – 評鑑

527　　　　　　　　　　　　　　88006483